कवि शैलेन्द्र

ज़िन्दगी की जीत में यकीन

कवि शैलेन्द्र
ज़िन्दगी की जीत में यकीन

प्रहलाद अग्रवाल

राजकमल प्रकाशन

ISBN : 978-81-267-1001-0

मूल्य : ₹495

पहला संस्करण : 2005
दूसरा संस्करण : 2010
This book is printed on **Print on Demand** Technology : 2025

प्रकाशक : राजकमल प्रकाशन प्रा.लि.
1-बी, नेताजी सुभाष मार्ग, दरियागंज
नई दिल्ली-110 002

शाखाएँ : अशोक राजपथ, साइंस कॉलेज के सामने, पटना-800 006
पहली मंजिल, दरबारी बिल्डिंग, महात्मा गांधी मार्ग, प्रयागराज-211 001
1, अनमोल सोराबजी संतुक लेन, धोबी तलाव, मरीन लाइंस, मुम्बई-400 002

वेबसाइट : www.rajkamalprakashan.com
ई-मेल : info@rajkamalprakashan.com

KAVI SHAILENDRA : ZINDAGI KI JEET MEIN YAKEEN

by Prahlad Agrawal

स्मृति मुक्ता वर्तिका
के लिए

निवेदन

कवि शैलेन्द्र लोकमानस में गहरे बैठे हुए हैं। कोई चार दशक हुए उन्हें अनंत में विलीन हुए, तब भी उनके गीत करोड़ों की ज़िंदगी में रोज़मर्रा की जरूरतों की तरह शामिल हैं। वे शैलेन्द्र को न जानते हुए भी उनकी कविता को जानते हैं। उनकी कविताई ही तो असल परिचय है। हमारा भी उनके गीतों से परिचय पहले हुआ, नाम से बरसों बाद।

सिनेमा जैसे निष्ठुर व्यावसायिक कला माध्यम में रहकर उन्होंने तलवार की धार पर दौड़ने का अद्वितीय संतुलन जिया। बेशक लहूलुहान हुए और अंततः तेतालीस साल की ना-कुछ उम्र में अपने रचनात्मक आवेग के उत्कर्ष संधान में कुर्बान हो गए पर वह तेतालीस साल लंबी नदिया हजारों साल गहरी है।

यह किताब उसी रचनात्मकता के अंतरंग में उतरने की विनम्र कोशिश है। शैलेन्द्र के अवदान का बहुआयामी व्यक्तित्व ही वह छवि है जिसे हम शैलेन्द्र की तरह जानते हैं। इस किताब के प्रकाशन के अवसर पर 'पहल' और 'कथादेश' के संपादक द्वय

श्री ज्ञानरंजन और श्री हरिनारायण का आभार व्यक्त करता हूं जिन्होंने इसके अंश विशेष रूप से प्रकाशित किए। 'कथादेश' के तीन अंकों में धारावाहिक प्रकाशित 'पिंजरे वाली मुनिया का आनंदलोक' पढ़कर कथाशिल्पी अग्रज श्री रमाकान्त श्रीवास्तव ने कहा कि इसे पढ़कर उन्होंने फिर 'तीसरी कसम' देखी और एक दूसरी–तीसरी कसम देखी। श्री विश्वमोहन बडोला, श्री नईम और श्री सुबोध कुमार श्रीवास्तव का निरंतर कान उमेठने के लिए तहेदिल से शुक्रिया अदा करता हूं। शैलेन्द्र के प्रति हृदय से समर्पित और उनकी रचनात्मक प्रतिभा का लोक सम्मान आयोजन करने वाले डॉ. इन्द्रजीत सिंह को प्रणाम करता हूं। स्व. राजकपूर और हसरत जयपुरी से शैलेन्द्र के बारे में बहुत कुछ जाना। इस मौके पर उनका पुण्य स्मरण करता हूं। डॉ. बुद्धिनाथ मिश्र, श्री प्रदीप चौबे और बहुत कम बोलने वाले शैलेन्द्र के कनिष्ठ पुत्र श्री दिनेश शैलेन्द्र के प्रति आत्मीय कृतज्ञता ज्ञापित करता हूं। कथाकार दम्पत्ति श्री जितेन्द्र भाटिया और सुश्री सुधा अरोड़ा के प्रोत्साहन का प्रतिफल ही यह पुस्तक है। उनका किन शब्दों में आभार व्यक्त करूं! शैलेन्द्र के गीतों के अन्तरंग में उतरने के लिए कण्ठस्वर के विलक्षण वैविध्य का आधार प्रदान करने के लिए सुश्री मुन्नी गंधर्व का अनन्य अवदान आभार की जगह कृतज्ञता का विषय है।

फिल्मों के अपरिमित सामाजिक प्रभाव के प्रति बौद्धिक वर्ग की उपेक्षा दृष्टि अब लगातार सार्थक प्रयासों की ओर उन्मुख है, यह संतोषप्रद है। लोक संस्कृति की प्रतिष्ठा ही जीवन को समृद्ध कर सकती है। इस पुस्तक के प्रकाशन में रुचि लेने के लिए श्री अशोक महेश्वरी जी को हार्दिक धन्यवाद देता हूं। चि. उज्ज्वल के सतत् हस्तक्षेप से ही यह पुस्तक आकार ले सकी है, उन्हें आशीर्वाद। अंत में उन सभी स्नेही पाठक मित्रों का हृदय से कृतज्ञ हूं जिन्होंने अपने पत्रों द्वारा निरन्तर उत्साहवर्धन किया।

–प्रहलाद अग्रवाल

सतना
20.05.2004

।। सिलसिला ।।

अन्दर की यह आग एक दिन भड़केगी ही
नई गुलामी की बेड़ी भी तड़केगी ही

कोई बतलाओ कि हम बतलाएं क्या

कुछ अकेले नहीं हैं और पहले भी नहीं हैं–शैलेन्द्र, विद्वज्जनों ने जिनकी ओर नज़र नहीं डाली–ऐसे अनेकानेक लोककवि हैं। यूं हर जमाने ने अपने जमाने की लोकरचना की सादगी की संश्लिष्टता को स्वीकार करने में कोताही की–और होकर यूं रहा कि समय के साथ वह रंग और गहरा होता चला गया। पीढ़ियां-दर-पीढ़ियां उनके शब्दों में ज़िन्दगी के नए मायने तलाशती रहीं।

आजादी के बाद साहित्यिक परिदृश्य में सार्थकता को नज़रियों की ऐनकों से जांचा, नारों की बुलन्दियों से परखा और उपयोगिता की सीढ़ियों पर नापा गया, सो वही स्वाभाविक था–जो हुआ। बीसवीं सदी के उत्तरार्द्ध में जो काव्य-रचनाएं जन-जन तक पहुंचीं, उन्हें साहित्यिक मठों और उनके महन्तों ने कूड़ेदानों को अर्पित कर देने के अतिरिक्त और किसी काबिल नहीं समझा। जिन्हें महानता के शिखर पर आलोचना की डंडियों से फहराया गया, वे मोटे-मोटे ग्रंथों में शोभा की वस्तु बनकर पुस्तकालयों की

आलमारियों में कैद हुईं। वे पाठ्य पुस्तकों पर चढ़कर भी ज़िंदगी की गुनगुनाहटों में शामिल नहीं हो सकीं। उन्हें हज़ारहा इनामों-इकरामों से नवाज़ा गया, प्रशस्तियों से रंगा–चुंगा गया, लेकिन वह अवाम के लिए गूंगे का गुड़ बनी रहीं। महज़ लोकप्रियता श्रेष्ठता का पैमाना कभी नहीं होती। इसी तरह यह भी नहीं है कि जो लोकप्रिय हो वह श्रेष्ठ हो ही नहीं सकता। हालांकि साहित्येतिहास चुगली तो यही करता है कि वही श्रेष्ठता वरेण्य होती है जो लोक के मानस को भी अपनत्व प्रदान कर सके। जनमानस गहनता आत्मसात करने में चूक भी कर सकता है परन्तु समय के साथ उस तक पहुंच कर भी रहता है। वह अपनी चूक पर पछताता है और उसका प्रायश्चित भी करता है। तात्कालिकता का मौज-मजा देने वाली रचनात्मकता जनमानस के लिए मदारी का तमाशा है, काव्य-आस्वाद का आनंद नहीं। यह संतोषप्रद है कि आज उन लोककवियों पर महानताएं दृष्टिपात कर रही हैं जो साहित्यिक परिधियों में अछूत रहे हैं।

इस बौद्धिक अहंकार ने काव्य की वाचिक परम्परा को नेस्तनाबूद किया। कवि सम्मेलन जो लोकरंजन और जन-जागरण के मंच थे, वे फूहड़ चुटकुलेबाजी के तमाशे बन गए। यह एक अघोषित मान्यता हो गई कि मंच पर कविता पढ़ने वाला उत्कृष्ट कवि नहीं हो सकता। फिर शैलेन्द्र तो मंच से भी आगे सिनेमा में गाने लिखने वाले ठहरे। हिन्दी में साहित्य और सिनेमा के बीच कभी कोई सार्थक रिश्ता नहीं बना। हिन्दी ने तमाम बाड़ें खींचकर अपने न जाने कितने रत्नों की उपेक्षा करने का दर्द भोगा। उर्दू ने यह गलती नहीं की। साहिर लुधियानवी, शकील बदायूनी, कैफ़ी आज़मी, जां निसार अख़्तर वगैरह को उर्दू अदब में खास मुकाम हासिल है। ये तमाम हज़रत उर्दू साहित्य में भी नामचीन हस्तियां हैं। पर हिन्दी में हालत ये है कि बड़ी सादगी से पूछा जा सकता है–शैलेन्द्र ?

... कौन! ... ये कौन कवि हैं ?
सो कोई बतलाए इस पंडिताई को, कि हम बतलाएं क्या !

इससे किसी शैलेन्द्र को क्या फर्क पड़ता है। न सताइश की तमन्ना, न सिले की परवाह/ग़र नहीं है मेरे अशआर में मानी, न सही।

वह जो अपने समय से टकरा सकता था–परिस्थितियों को अपने रचनात्मक उत्कर्ष के हक़ में नाजुक टहनियों की तरह मोड़ सकता था–अपनी मजबूरी को ही अपनी ताकत की तरह खड़ा कर सकता था–

वह क्या कभी किन्हीं सर्टीफिकेटों के खूंटे-टांगे,
टांगा गया है भला।

सर्जक के आनन्द का प्रमाणपत्र अन्तर्यामी से अलहदा और कौन दे सकता है। शैलेन्द्र को पता था कि वे लोककवि हैं। जन-जन के दुलारे कवि। जो उनका नाम तक नहीं जानते, वे उनके गीत गुनगुनाते हैं। उससे बड़ा कौन है जो खुद गुम हो जाए और उसकी कविता में ही उसे पाया जाए। उनकी कविता जनता की धरोहर है। उससे बढ़कर किसी प्रमाणपत्र की आवश्यकता उन्हें कभी नहीं हुई। वे ऐसी किसी तमन्ना के

तलबगार ताज़िंदगी नहीं हुए।

शैलेन्द्र के गीतों की सादगी ने मेधा को बारहा परेशानी में डाला है। वे ऐसे सहज, सरल, सपाट की प्रतीति तक ले जाने वाले हैं कि उनके अर्थ विस्तार की वक्रगति रसज्ञ को अचम्भे में डालती है। वे ज़िंदगी की जोड़-बाकी का हिसाब-किताब ऐसी मिठास से जोड़ देते हैं जो महके तो दर्द बनकर–वफ़ाओं का मजबूर दामन–मिस्मार होने में ही जहां बुलन्दी है–दुआ कर ग़मे-दिल, खुदा से दुआ कर ... जो बिजली चमकती है उनके महल पर, वो कर लें तसल्ली मेरा घर जलाकर।

वे मामूली चीजों के जानकार हैं। भला कीजे भला होगा, बुरा कीजे बुरा होगा। जो सब लेना-देना यहीं है और यहीं सारा जोड़-घटाना रफा-दफा होना है तो फिर भला ये बहीखाता गोदने से क्या हासिल। हंसते गाते ज़िंदगी की उलझी राह संवारी जाती है। आंसुओं को जाया नहीं किया जाता। यही मुहब्बत करने वालों की दौलत है। इस दुनिया में मुहब्बत के अलावा हर शै बेऔकात है। सो जमाने की लूटपाट देखकर भइए, मत ललचाओ जी–कोई हूर परियां छाती से लिपटा के मर गया/ बाग़ो-मकां-महल कोई बनवा के मर गया/ कोई खजाना ख़ाक में गड़वा के मर गया/ कोई हजारों ऐश की ठहरा के मर गया/ कोई लिख के मर गया कोई लिखवा के मर गया/ थी जिसकी जैसी शान वो दिखला के मर गया/ जीता रहा न कोई हर इक आके मर गया–सो पगले, हो सके तो प्यार कर ले–खाक में मिट जाने से पहले। अपने ज़िंदा होने का मतलब और मकसद तब ही खोज पायेगा–जो किसी को यार कर लेगा। इसके सिवा इस दुनिया में धरा ही क्या है। यहां तो मुट्ठी बांधे आना है–और खाली हाथ जाना है।

हिन्दीभाषी समाज के मूर्धन्यों का नैतिक दोगलापन भी लोककलाओं की सार्थकता की स्थापना में कुछ कम बाधक नहीं रहा है। सिनेमा ने अपनी शुरुआत से ही जनजीवन में गहरी पैठ बना ली थी। सम्भ्रान्त वर्ग भी इसके गहन आकर्षण में ऊल-चूल था। पर वह सार्वजनिक स्तर पर इसकी भर्त्सना करने में ही गर्व का अनुभव करता रहा। जो आप कहें कि सौ में दो-चार फिल्में ही उत्कृष्ट होती हैं, तो क्या हर प्रकाशित कविता, कहानी, उपन्यास वगैरह उत्कृष्ट ही होते हैं ? क्या वहां भी श्रेष्ठता का प्रतिशत दो-चार से जियादह है ? रचनात्मकता के किसी भी क्षेत्र में श्रेष्ठता अत्यन्त विरल ही होती है। यदि आज हिन्दी सिनेमा लगातार भड़कीला और लगातार निरर्थक होता जा रहा है तो इसके लिए सबसे बढ़कर बौद्धिक हिपोक्रेसी ही जिम्मेदार है। कथनी और करनी में जमीन आसमान की दूरी आज के समाज की सबसे बड़ी मुश्किल है। मुंह में राम बगल में छुरी रखने वाला नैतिकता का झंडाबरदार तबका ही आज हमें इस तरफ कुआं और उस तरफ खाई की खौफनाक हालत में खींचकर ले आया है। धन के द्वारा अर्जित साधनों के अहंकार से निर्मित जाज्वल्यमान मायालोक ने सिनेमा की रचनात्मकता का कुल मोल कौड़ियों के मोल तोल में समेट दिया है। टिकिट खिड़की ही एकमात्र सत्य है। 1970 के बाद तेजी से और 1990 के बाद विद्युत गति से बम्बइया सिनेमा बॉलीवुड में तब्दील होता चला गया और इक्कीसवीं सदी में वह डुप्लीकेट हॉलीवुड होने को

व्याकुल है। हम अपने पूर्वजों का नाम तक लेना पसन्द नहीं करते। श्रेष्ठता का मानदंड ऑस्कर है। गरज ये है कि, भई गति सांप छछूंदर केरी, उगलत-लीलत पीर घनेरी।

शैलेन्द्र इस छद्‌म से सर्वथा दूर थे। सिनेमा में गीतकार के रूप में कदम रखने से पहले वे इप्टा से जुड़े रहे। वे जनकवि थे। उनकी कविता जनजागरण को समर्पित थी। आज भी जब जनगीतों के संकलन तैयार किए जाते हैं तो उनमें शैलेन्द्र द्वारा रचित आह्‌वान गीत जरूर शामिल होते हैं–'तू ज़िंदा है तो ज़िंदगी की जीत में यकीन कर / अगर कहीं है स्वर्ग तो उतार ला जमीन पर'–'हर जोर जुलुम की टक्कर में हड़ताल (संघर्ष) हमारा नारा है'–'क्रान्ति के लिए उठे कदम, क्रान्ति के लिए जले मशाल'–आदि अनेक गीत और कविताएं उन्होंने लिखी थीं। उनकी कविता तब भी आम आदमी को ही संबोधित थी। दरअसल, उनके लिए कविता अपने समाज के साथ मिलजुलकर जीने का सलीका थी। यह सलीका सिनेमा में गीत लिखते हुए भी जस का तस बना रहा।

आज शैलेन्द्र के न रहने के कई दशक बाद भी उनके फिल्मों के लिए लिखे गीत मनीषियों का ध्यान आकर्षित कर रहे हैं। हमें आश्चर्य से अधिक संतोष हुआ जब अन्तर्राष्ट्रीय सम्मान और ख्यातिप्राप्त साहित्यिक पत्रिका 'पहल' के संपादक श्री ज्ञानरंजन जी ने हमें शैलेन्द्र की रचनात्मकता पर विवेचनात्मक आलेख के लिए आदेश दिया। शैलेन्द्र की अपनी कविता में आस्था का ही करिश्मा है कि सिनेमा के गीतों के साथ जुड़ा सस्तापन उन्हें आवृत नहीं कर सका। 'पहल' 60 में उसके प्रकाशन पर गंभीर रूप से नोटिस लिया गया। 'कथादेश' में उस लेख को केन्द्रित कर उसी शीर्षक पर श्री ज्योतिष जोशी ने समीक्षात्मक आलेख लिखा। सिनेमा की जगह साहित्य जगत के बौद्धिक वर्ग ने उसका अधिक स्वागत किया। यह शैलेन्द्र की कविताई की कूबत है।

शैलेन्द्र के गीतों ने दर्शकों के अन्तर्मन में हिन्दी के अनेक महान फिल्मों को व्याख्यायित किया है–'आवारा', 'दो बीघा जमीन', 'श्री 420', 'मधुमती', 'जागते रहो', 'बूट पालिस', 'सीमा', 'गाइड', 'जिस देश में गंगा बहती है', 'बंदिनी', 'अनाड़ी' आदि-आदि। वे इन फिल्मों की आत्मा में इस तरह रच बस जाते हैं कि उनके गीतों के बगैर इन फिल्मों की कल्पना तक नहीं की जा सकती। उनके गीत इन फिल्मों का भावनात्मक अनुवाद दर्शकों के दिलों में उतारते हैं।

शैलेन्द्र उन चरित्रों के आत्मा की पुकार बन गए जिनके जरिए फिल्मकारों ने सामाजिक और मानवीय संदेश दिए। उन गूढ़ चरित्रों को अवाम के वास्ते तरल बनाया जो फंतासियों के जटिल व्यूह में फंसे थे–'तूने तो सबको राह दिखाई–तू खुद अपनी राह भूला'। वे भावनाओं के तिर्यक उद्रेक को गुनगुनाहटों की सरल रेखा में तब्दील कर, उन्हें लोक का कंठहार बना देते थे। वह उनके गीत कर गुजरते थे जो समूचा मेलोड्रामा नहीं कर पाता था। सादगी की बहुआयामी गहनता में महारत के बगैर यह मुमकिन नहीं है। भाई बहन के प्रेम का सहज संसार इस तरह अनुपम हो उठता है–

भैया मेरे, राखी के बंधन को निभाना
भैया मेरे, छोटी बहन को न भुलाना।

शायद वो सावन भी आए
जो पहले सा रंग न लाए
बहन पराये देस बसी हो
अगर वो तुम तक पहुंच न पाये
याद का दीपक जलाना ... जलाऽनाऽ ...
भैया मेरे ...

आज 'प्रसाद प्रोडक्शन्स' की 'छोटी बहन' एक भूली बिसरी याद है लेकिन यह गीत उतना ही जीवन्त है जितना भाई-बहन के अनन्य प्रेम का प्रतीक पर्व-रक्षाबंधन। राखी का त्यौहार इसकी गुनगुनाहट से ही पूरा होता है। लोकोत्सवों में लोकगीतों की तरह लोकोक्ति बनकर लोक में समाहित हो जाना शैलेन्द्र के गीतों का स्वभाव है।

'पहल' में आलेख प्रकाशन के बाद जो अनेक पत्र प्राप्त हुए उनमें एक रुड़की से डॉ. इन्द्रजीत सिंह का था। उन्होंने हमें शैलेन्द्र की स्मृति में आयोजित एक कार्यक्रम में व्याख्यान देने के लिए आमंत्रित किया था। क्या ग़ज़ब है ! एक प्राध्यापक रुड़की जैसे छोटे से कस्बे में शैलेन्द्र के गीतों से मुहब्बत की अलख जगाए बैठा है। उनकी स्मृति में आयोजन कर रहा है। हिन्दी सिनेमा के गीतों में स्तरीयता के लिए 'शैलेन्द्र सम्मान' प्रदान कर रहा है। रुड़की में आयोजित कार्यक्रम में श्री कमलेश्वर, डॉ. महीप सिंह और डॉ. बुद्धिनाथ मिश्र प्रभृति प्रखर रचनाकार मौजूद थे। इसके पूर्व वे एक और कार्यक्रम आयोजित कर चुके थे जिसमें प्रतिष्ठित गीतकार एवं फिल्मकार गुलजार को शैलेन्द्र सम्मान प्रदान किया गया था। 2 सितम्बर 2002 को जब यह सम्मान दूसरी बार मुंबई में उर्दू के अज़ीम शायर और हिन्दी फिल्मों के गीतकार श्री कैफ़ी आज़मी को प्रदान किया गया, तब भी डॉ. इन्द्रजीत सिंह ने हमें वहां आग्रहपूर्वक निमंत्रित किया। वहां कार्यक्रम की अध्यक्षता मशहूर शायर ज़नाब निदा फाज़ली साहब कर रहे थे और मुख्य अतिथि थे सुप्रसिद्ध फिल्म लेखक, गीतकार, टी.वी. एंकर श्री जावेद अख्तर। कैफ़ी आज़मी, तन्वी आज़मी, बाबा आज़मी, समेत कैफ़ी साहब का समूचा कुनबा ही मौजूद था। प्रायोजक ओ.एन.जी.सी. के प्रतिनिधि स्वरूप डॉ. बुद्धिनाथ मिश्र मौजूद थे। वहां के स्थानीय प्रायोजक माननीय रामनारायण सर्राफ (अगर हम नाम नहीं भूल रहे तो) मंच पर सुश्री शौक़त आज़मी और कैफ़ी साहब के बीच विराजमान थे। यदि शैलेन्द्र होते तो इस दिलचस्प नज्जारे को देखकर 'दाल भात में...' कहावत को आधार बनाकर कोई वैसा ही गीत लिखते जैसा उन्होंने बिमलराय की 'परख' के लिए 'सौ-सौ चूहे खा के बिल्ली हज़ को चली' लोकोक्ति को व्याख्यायित करते हुए लिखा था। इस नजारे ने सैकड़ों फुसफुसाहटें पैदा की थीं, जो बाजार की कौड़ियों का अहंकार नुमायां कर रहा था।

अपने अंतिम अध्यक्षीय उद्बोधन में निदा फाज़ली साहब ने इस रंग को और गहरा, यह कह कर किया कि कुछ पुरस्कार ऐसे होते हैं जिनसे लेने वालों का सम्मान बढ़ता है, पर यह सम्मान कैफ़ी साहब द्वारा स्वीकार किए जाने से खुद सम्मानित हुआ है।

क्या इसलिए कि यह सम्मान किसी महामहिम सरकारी या गैर सरकारी प्रतिष्ठान से नहीं जुड़ा है और इसका प्रदाता लोक है? या इसलिए कि इसके साथ लाखों की मोटी रकम की जगह मात्र पच्चीस हजार रुपयों की मामूली राशि जुड़ी है? या फिर इसलिए कि शैलेन्द्र एक मामूली फिल्मी गीतकार था और कैफ़ी साहब उर्दू अदब की ऊंची शख़्सियत हैं।

क्या तमाशा है कि जो अपने लिखे में जिनकी लानत-मलामत करते हैं उनसे ही कोर्निस बजाकर इनाम लूटते हुए खुद को कृतकृत्य महसूस करते हैं। रसिकों द्वारा किया गया सम्मान और दिया गया आदर भला किस काम का–न ओढ़ने का, न बिछाने का। गगनचुम्बी शिखरों की ऊंचाई नापता अहंकार और लोक का मुहब्बत के कदमों पर समर्पण–कार्यक्रम में एक साथ मौजूद था। सो हमारे व्याख्यान ने जहां रसज्ञ श्रोताओं को अभिभूत किया, वहीं महामहिमों को बेचैन और किंचित् कुपित भी। कार्यक्रम का शुभारंभ पारम्परिक दीप प्रज्ज्वलन से हुआ परन्तु हमारे सुझाव पर पारम्परिक वंदना की जगह शैलेन्द्र का गीत 'तू प्यार का सागर है'–बगैर संगीत के कविता की तरह सस्वर पढ़ा गया था। जिसे सुप्रसिद्ध लोकगायिका मुन्नी गंधर्व ने प्रस्तुत किया था।

उसी कार्यक्रम में मौजूद कथाकार दम्पति श्री जितेन्द्र भाटिया और सुश्री सुधा अरोड़ा–जो मुंबई में 'वसुन्धरा' नामक साहित्य केन्द्र का संचालन भी करते हैं–ने हमसे शैलेन्द्र पर एक पुस्तक लिखने का आग्रह किया। उनके लगातार संवाद, दबाव और गहन आत्मीयता का प्रतिफल यह पुस्तक है।

सिनेमा पर लेखन दो चरम अतिवादों पर टिकता है। शास्त्रीय विवेचन या बाज़ार विवेचन। सिनेमा को लोक आस्वाद के स्तर पर ग्रहण करने वाली किताबें विरल हैं। इसलिए कि लोक तक पहुंचने की सिर्फ बातें अच्छी लगती हैं, उद्योग नहीं। इस ऊबड़-खाबड़ मार्ग पर चंद चोचलेबाज प्रयोग भर छुटपुट चलाए जाते रहते हैं। मूल रूप से मामला दोनों अतिवादी ध्रुवों पर टिका रहता है–ऊंचे इनाम या ऊंचा धंधा। इसलिए ही एक ओर 'कुछ कुछ होता है',–'कहो न प्यार है',–'हम आपके हैं कौन',–'कभी खुशी कभी गम',–'गदर' की रोजगारी सफलताओं की ऊंची जमात है, दूसरी ओर 'फायर' और 'बवंडर'। 'लगान' जैसे किंचित् सार्थक प्रयास भी ऑस्कर लूटने की बेचारगी से नहीं उबर पाते। आज कहीं महबूब, शान्ताराम, गुरुदत्त, बिमलराय, राजकपूर प्रभृति लोगों का सुवर्ण मध्य नहीं है। पर यही सुवर्ण मध्य भारतीय जनमानस की आसक्ति है। दो कदम हम भी चलें, दो कदम तुम भी चलो। जब हम और तुम आमने-सामने होंगे, तब ही प्यार के असर का पता चलेगा। लाख दुश्मनी ही सही लेकिन आमना-सामना तो हो। कोई छिपकर बचेगा कैसे। छोटी सी तो ये दुनिया है और उसके तमाम रास्ते जाने पहचाने। सो प्यार करने वालों को डर कैसा ? आज के तमाम खतरे बाजार में हार-जीत के हैं। लूटने की ख़्वाहिशों के हैं। और दिलवाले हैं कि लुटकर भी अपनी बर्बादियों का जश्न मनाने वालों की राह ताका करते हैं।

और तीसरी बार जब शैलेन्द्र सम्मान हिन्दी के स्वनामधन्य गीतकार जिन्होंने कुछ

फिल्मों में भी बहुत महत्वपूर्ण गीत लिखे–पद्मश्री गोपालदास जी नीरज को प्रदान किया गया तो उसमें मुख्य अतिथि के रूप में श्री भीष्म साहनी मौजूद थे। बम्बई के ग्लैमर के मुकाबले रुड़की के शान्त सांस्कृतिक माहौल ने इस बार कार्यक्रम को अनुपमेय गरिमामय बना दिया था। यह आदमी–डॉ. इन्द्रजीत सिंह–जो सब कुछ करता धरता है–इसकी कोई नातेदारी नहीं है शैलेन्द्र से। ये शब्द की गरिमा का रिश्ता है। इसी को रूहानी रिश्तेदारी कहते हैं। इन्हीं कार्यक्रमों में हमारा परिचय शैलेन्द्र के कनिष्ठ पुत्र श्री दिनेश शैलेन्द्र से हुआ।

शैलेन्द्र, गुरुदत्त, बिमलराय, महबूब खान ने 1964-66 के बीच इस दुनिया को अलविदा कहा। इसके साथ ही हिन्दी सिनेमा के स्वर्णयुग का अवसान हुआ। वह सुरीला दौर संपूर्ण हुआ जिसकी निशानियों पर हम आज आहें भरते हैं। 1945 से 65 का समय हिन्दी सिनेमा और सिने संगीत दोनों का स्वर्णकाल है। इसके बाद लगातार उधारियों की मिलावट बढ़ती गई और इक्कीसवीं सदी तक पहुंचते-पहुंचते फिल्म संगीत फूहड़ तुकबन्दियों में बंधा शोरगुल का पर्याय बन गया। आज सिनेमा में गीत-संगीत के नाम पर जो परोसा जा रहा है, उसमें सार्थकता और माधुर्य की तलाश बेमानी है। सारा जमाना और जमाने की तमाम ख़्वाहिशें जब बदहवास दौड़ में शरीक हांफ रही हैं, तो यही होना मुमकिन है।

पर आज जब वर्तमान परिदृश्य में मस्त-मस्त, मुक्काला-मुकाबला, शाबा-शाबा, हु तू तू-तू तू, लेज्जा-लेज्जा जैसी निरर्थकताओं की धूम है, शैलेन्द्र शिद्दत से याद आते हैं। उनके शब्दों की गूंज और तीव्र होती है। वह पीढ़ी जो शैलेन्द्र के इस दुनिया से जाने के बाद दुनिया में आई, वह भी शैलेन्द्र के गीतों से नावाकिफ नहीं है। भले ही वह न जानती हो शैलेन्द्र को, लेकिन उनके गीतों के माधुर्य से, उस माधुर्य की क़शिश से बखूबी परिचित है। ये शब्द ही शैलेन्द्र की हस्ती हैं। अभी न जाने कितनी पीढ़ियों की गुनगुनाहटों को वे सार्थकता देंगे। उनके शब्दों में ज़िंदगी की हस्ती की मस्ती और ज़िंदगी के सौंदर्य का लुत्फ़ तलाशा जाता रहेगा।

साहित्यिक मठ भी उन्हें तरजीह देने के लिए लगातार बाध्य होते चले जायेंगे। अपनी बदगुमानियों पर पशेमान होते हुए सिर्फ शैलेन्द्र ही नहीं, हिन्दी सिनेमा के अनेक गीतकारों के साहित्यिक अवदान का संधान करेंगे। उनकी लोकरंजकता में समाहित उन गूढ़ तत्त्वों को खोजेंगे जिन्होंने लोकमानस को प्रफुल्लित किया, उनकी आंखों में विकट परिस्थितियों के बावजूद सुनहरे सपने सजाए और टूटे हुए दिलों को आत्मीयतापूर्ण सांत्वना दी।

शैलेन्द्र के गीतों की सबसे बड़ी ख़ासियत और शख़्सियत ये है कि उनके बहुतेरे गीतों ने फिल्मों की आत्मा की तरह रसज्ञों के दिलों में जगह बनाई। वे धुनों के माधुर्य और स्वर नाद सौन्दर्य को बांधकर शब्द की गरिमा को प्रतिष्ठित कर सके। शंकर जयकिशन जैसे विशाल आर्केस्ट्रा प्रेमी संगीतकार ने उनके अनेकानेक गीतों के शब्दों की गरिमा को धारदार सौन्दर्य देने वाली अतिशालीन धुनें बनाईं–हम उस देश के वासी

हैं जिस देश में गंगा बहती है।

शैलेन्द्र को हमने नहीं देखा। और यही कहना सबसे बड़ा झूठ है। सच ये है कि शैलेन्द्र को हमने कई-कई रूपों में कई-कई बार सगुण-साकार देखा है। खास तौर से उन दो शख़्सियतों की आंखों में मुहब्बत की कशिश की तरह देखा है जिनसे उनकी ज़िंदगी के सूत्र समूचे रचनात्मक जीवन के दौरान जुड़े रहे–राजकपूर और हसरत जयपुरी। वे आंखें जो अपने हमराह की स्मृति में छलछला आती थीं–और हमारे भीतर गूंज उठती थीं–ओ जाने वाले हो सके तो लौट के आना। भइ, तुमने तो खुद ही कह रखा है– बिल्कुल सच, आज हर निगाह तुम्हारा ठिकाना ढूंढ़ रही है।

ज़ख़्मों से भरा सीना

शैलेन्द्र के गीत हमारे बचपन की गुनगुनाहटों में शामिल होकर आज तक हमसफर हैं। दुनिया भर की पुरक़शिश कविता की तरह इन्होंने जिन्दगी की पुरपेंच गलियों में आलोकित राजपथ प्रशस्त किया। इतने सरल और लुभावने कि आवारामिजाजी से जुबां पर चढ़ जाएं, कदम-ब-कदम ज़िन्दगी के फलसफे में तब्दील होते हुए।

अपनी मासूम गुनगुनाहटों के शब्द के फनकार का नाम हमें सालों बाद पता चला और इस परिचय के ऊषाकाल में ही वह सितारा टूट गया। जब शैलेन्द्र ने आत्मघात किया, हम उन्नीस साल के थे। इसके चंद महीने पहले ही शैलेन्द्र निर्मित एकमात्र फिल्म 'तीसरी कसम' प्रदर्शित हुई थी। नहीं मालूम सच है या झूठ, लेकिन कहा जाता है कि शैलेन्द्र को यकीन था, इसे राष्ट्रपति स्वर्णपदक मिलेगा–और मिला–लेकिन वह दिन देखने के लिए शैलेन्द्र नहीं थे।

1966 में शैलेन्द्र के बहिर्गमन के साथ ही राजकपूर के संगीत के राजमहल के चार

स्तम्भों में एक ढह गया। शैलेन्द्र को राजकपूर फिल्मों में लाए थे और यह शैलेन्द्र के लिए अवसर नहीं था–मजबूरी थी। पहले उन्होंने राजकपूर का 'ऑफर' उस बेरुखी से ठुकराया था जिसके मायने सबसे पहले ये होते हैं कि वे सिनेमा में गीत लिखने को दोयम दर्जे का काम समझते थे। पर आर्थिक मजबूरियों के चलते यह विद्रोही युवा सिनेमा में गीत लिखने के लिए मजबूर हुआ और ग़ज़ब ये हुआ कि उसने अपनी कमजोरी को अपनी सामर्थ्य और शख़्सियत बना लिया।

सो अजीब नहीं है कि इस माध्यम ही नहीं, दुनिया से भी बहिर्गमन के लिए उसने वह दिन चुना जो उसे यहां लाने वाले शख्स का जन्मदिन था–14 दिसम्बर। बड़ी बारीक बुनावट है इस आत्मघात में। शायद वही जिसे विधि का विधान, प्रकृति का न्याय-अन्याय कहते हैं। वह जो शैलेन्द्र को बेहद अज़ीज़ था और जिसकी आत्मा की छवि उन्होंने अपने चंद शब्दों से भास्वर की थी–'ज़ख्मों से भरा सीना है मेरा, हंसती है मगर ये मस्त नज़र।' उसी को एक ज़ख्म और दे गया–समझाइश का ज़ख्म–'एक हंगामे पे मौकूफ़ है घर की रौनक / नौहा-ए-ग़म ही सही, नग्मा-ए-शादी न सही'–जन्मदिन के कहकहों में आंसुओं की अन्तर्धारा–'मिलना और बिछुड़ना, बिछुड़ना और मिलना यही तो ज़िंदगी है!'–जोकर की प्रेमिका की जुबां पर ये शब्द यूं ही नहीं चढ़े थे।

राजकपूर की फिल्मों को समाजवादी या कहना चाहिए मानवतावादी परिदृश्य देने में ज़नाब ख़्वाज़ा अहमद अब्बास साहब का ही नहीं, शैलेन्द्र का भी हाथ है। खासतौर से उस आम आदमी को दृष्टिपथ में रखते हुए जिसको राजकपूर की फिल्में संबोधित होती थीं।

शैलेन्द्र ने भारत छोड़ो आन्दोलन में संक्षिप्त जेल यात्रा भी की थी और अपनी रेलवे की नौकरी ट्रेडयूनियन की गतिविधियों में बढ़चढ़कर हिस्सा लेने के कारण गंवाई थी। वे प्रतिबद्ध कम्युनिस्ट थे। पार्टी से बढ़कर दिल से। शैलेन्द्र के गीतों से मुहब्बत करने वाले बहुत कम लोग जानते हैं कि 'हर जोर जुल्म की टक्कर में हड़ताल हमारा नारा है'–जैसा सुप्रसिद्ध आह्वान गीत शैलेन्द्र की ही रचना है। जिसके वे सिर्फ रचयिता ही नहीं थे, गायक भी थे–मंचों से जागृत प्रस्तोता। जो विद्वान कहते हैं कि शैलेन्द्र फिल्मों में नहीं गये होते तो हिन्दी काव्य संसार उन्हें सिर माथे पर बिठाता तो कुछ गलत नहीं कहते हैं। पर एक बार फिल्मों से नाता जोड़ लेने के बाद वे समूचे सिनेमा के हो गए। वे पैसों के लालच में सिनेमा के ही होकर रह गए–ये मानना इसलिए बेहूदगी होगी क्योंकि तब वह शख़्स राजकपूर, वहीदा रहमान जैसे सितारों को लेकर 'तीसरी कसम' जैसी कविता सेल्यूलाइड पर नहीं उतारता–'संगम' जैसी शोख कशिश से बाजार लूटता। आखिर 'तीसरी कसम' के निर्माण के लिए वह कौन सा साधन है जो उन्हें उपलब्ध नहीं था। शैलेन्द्र ने 'तीसरी कसम' जैसा कि समझा जाता है–किसी के अनुग्रह पर नहीं बनाई थी, उसके लिए शैलेन्द्र ने सर्वोत्तम प्रतिभाएं एकत्र की थीं। राजकपूर सिर्फ इसलिए थे क्योंकि वे ही हीरामन की भूमिका में सर्वाधिक उपयुक्त हो सकते थे। अभिनेता राजकपूर की यह एक निःसन्देह उपलब्धि प्रमाणित हुई।

यह भी एक विचित्र तथ्य है कि शैलेन्द्र की दृष्टि में राजकपूर निर्देशक से कहीं बहुत ऊंचे अभिनेता थे। अधिकांशतः राजकपूर के 'मेकर' को एक्टर से बहुत अधिक ऊंचाई से खड़ा माना जाता है। पर शैलेन्द्र की दृष्टि में वे अभिनेता की दृष्टि से अनुपमेय थे। उन्होंने 'तीसरी कसम' के निर्देशन के लिए बासु भट्टाचार्य को चुना। शैलेन्द्र की दृष्टि के अनुरूप ही यह उपक्रम था। बिमलराय की अंतर्दृष्टि के उत्तराधिकारी समूह में से एक को शैलेन्द्र ने चुना था। बासु ने आगे चलकर हिन्दी के नये सिनेमा में अपनी अलग पहचान बनाई। उन्होंने 'तीसरी कसम' में सजीव चित्रात्मकता दी। राजकपूर के निरंतर निकट रहते हुए और राजकपूर को ही लेकर बनाई गई फिल्म में शैलेन्द्र ने राजकपूर की चित्रात्मकता को रत्ती भर ग्रहण नहीं किया। सुब्रत मित्र ने 'तीसरी कसम' का छायांकन सादगी के सौन्दर्य को अनुपमेय बना देने की गहनता से किया है।

समस्या साधनों की नहीं, दृष्टि की थी। सिनेमा उनके लिए महज़ रोजगार नहीं था और वे इस रोजगार में ही धोखा खा गए। वर्ना 'तीसरी कसम' पहले प्रदर्शन में उस तरह असफल नहीं होती, जिस तरह हुई। इस अपनों की 'घात' को 'कविराज' बर्दाश्त नहीं कर सके। कविराज का दिल टूट गया। तो क्या उनके शब्द झूठे हैं! – कविराज कहे / न ये राज रहे / न ये ताज रहे / न ये राजघराना / प्रीत और प्रीत की गीत रहे / गा मीत मेरे संग प्रेम तराना ...

क्या ये प्रेम तराना इस दुनिया का नहीं...?

तो फिर अलविदा,
माटी से खेलते हो बार-बार किसलिए,
टूटे हुए खिलौनों से प्यार किसलिए !

शैलेन्द्र और गुरुदत्त के आत्मघात पलायन नहीं–अनन्त का साक्षात्कार हैं, जिसकी अभिव्यक्ति ज़नाब साहिर लुधियानवी के इन अल्फाज़ों में पेश आई है–न सर झुका के जिए/ और न मुंह छिपा के जिए/ सितमगरों की नज़र से नज़र मिला के जिए। अब एक रात अगर कम जिए तो हैरत क्यों! हम लोग वो हैं जो मश'अलें जला के जिए।

शैलेन्द्र सिनेमा में मशाल जलाकर जिए। राजकपूर जैसी सख़्शियत उनसे ख़ौफ खाती थी। यही होता तब भी चलो सही–लेकिन राजकपूर उनसे बेइन्तिहा मुहब्बत भी रखते थे और शायद करिश्मा शैलेन्द्र के गीतों से हमारी भी इसी मुहब्बत का ही था कि इस खाकसार को 14 दिसम्बर 1986 को राजकपूर के जन्मदिन पर/राजकपूर की बहुप्रचारित कॉटेज में/ राजकपूर को/ शैलेन्द्र की तस्वीर के सामने/ विलाप करते हुए/ दीदार करना मयस्सर हुआ।

राजकपूर 'शैलेन्द्र, जयकिशन, मुकेश' का स्मरण नहीं करते थे–विलाप करते थे। विलाप नर्गिस के लिए भी था, पर वह अन्तर्ध्वनि थी। राजकपूर कहते थे–'मेरा फलसफा गायब हो गया /अब कौन कहेगा हमसे/हम भी हैं तुम भी हो / दोनों हैं आमने सामने'। इसके आगे, इसके सिवा और क्या है ?–कोई तब ही तो कहेगा, जब जानेगा–'देख लो क्या असर कर दिया प्यार के नाम ने।' और तब ही कोई गीत इस तरह बन पायेगा–

'प्यार कर ले, नईं तो फांसी चढ़ जायेगा।'

शैलेन्द्र को अपनी अभिव्यक्तियों के लिए ऐसी ही छोटी-छोटी बंदिशें बेहद अज़ीज़ हैं जो समय के अंतराल के साथ-साथ और अधिक प्रगाढ़, और अधिक विस्तृत होती चली जाती हैं–इस तरह कि 'कतरे में दज़ला दिखाई न दे और ज़ुज़्ब में कुल / खेल बच्चों का हुआ दीदा-ए-बीना न हुआ'।

कोई तब ही तो महज़ तेतालीस साल की उम्र में अनन्त साक्षात्कार का चरम चुन लेगा, जब उसके लिए ये महज़ शब्द नहीं होंगे–'लड़कपन खेल में खोया / जवानी नींद भर सोया/ बुढ़ापा देखकर रोया / यही किस्सा पुराना है'–सो इस पुराने किस्से को एक बार और दोहराकर क्या होगा ?

और यह कोई वह अपनी 'तीसरी कसम' के चरम पर पहुंचकर ही नहीं जानता है। उसके सामने बिल्कुल शुरुआत से ही प्रत्यक्ष है–'खेला बचपन/हंसी जवानी/मगर बुढ़ापा तड़पाता है/' (बूटपालिस)

यही तो गुरुदत्त की अनुगूंज है–'ये दुनिया अगर मिल भी जाए, तो क्या है!'

यदि जीत और हार के अतिरिक्त इस दुनिया में कुछ है ही नहीं, तो फिर मैं इस दुनिया का क्या करूं–इन दोनों का स्वाद मैं चख चुका हूं–और यह भी जान चुका हूं कि जीत और हार एक ही सिक्के के दो पहलू हैं। कौन जीत कब हार में और कौन हार कब जीत में तब्दील हो जाए, कौन जानता है, कौन जान सकता है!

और कोई है जो जानने की हसरत से निज़ात पाता है भला।

शैलेन्द्र ने अपनी रचनात्मक अभिव्यक्ति के लिए एक बार सिनेमा को चुना तो बस सिनेमा में ही रम गए। उनकी बाबा नागार्जुन और रेणु से गहरी दोस्ती थी। हिन्दी कविता के अध्येता भी थे और रसिक भी। यह रस उनके गीतों में मथुरा की गलियों ने घोला था, जहां उनका आरंभिक कैशोर्य गुजरा था। पर सिनेमा में आने के बाद उन्होंने इसकी तनिक भी परवाह नहीं की कि साहित्य में उनका कुछ मुकाम है या नहीं। अपनी उपेक्षा का भी विलाप नहीं किया। वे सिनेमा के गीतों को साहित्यिक सौन्दर्य की परिधि तक ही नहीं ले आए, केन्द्रीय संस्पर्श की झंकृतियों की अनुगूंज का विलक्षण संसार भी प्रदीप्त किया। 'तू प्यार का सागर है, तेरी इक बूंद के प्यासे हम ', 'मैं नदिया फिर भी मैं प्यासी, भेद ये गहरा बात जरा सी ', ' थम गया पानी जम गई काई, बहती नदिया ही साफ कहलाई'।

तब भी उन्हें साहित्य में प्रतिष्ठा पाने का बुखार नहीं चढ़ा और सिनेमा में अपनी 'सितारा गीतकार' की हैसियत बनाये रखने के लिए कभी किसी 'तुर्रम खां' से भी समझौता नहीं किया। एक अकेले राजकपूर ही नहीं थे जिन्हें शैलेन्द्र प्रिय थे। बिमलराय, अमिय चक्रवर्ती, विजय आनंद, हृषिकेष मुकर्जी जैसे अप्रतिम फिल्मकारों को भी वे अतिप्रिय थे। बिमलराय की अधिकांश फिल्मों के गीत शैलेन्द्र ने लिखे। उनकी 'परख'

के तो वे संवाद लेखक भी थे। 'परख' व्यावसायिक रूप से सफल नहीं हो सकी। बिमलराय के प्रशंसकों ने भी उसकी उपेक्षा की। यह बिमलराय की गतिशील आधुनिक दृष्टि की परिचायक मार्मिक व्यंग्य रचना है जो फिल्मी बाजार की नासमझी में गुम हो गई। पर इसमें शैलेन्द्र का गीत लता के स्वर में आज भी 'दसों दिशाओं' में व्याप्त है– 'ओ सजना, बरखा बहार आई, रस की फुहार लाई, अंखियों में प्यार लाई, ओ सजना!'

पर इसी फिल्म में शैलेन्द्र का एक और बहुत अच्छा उम्दा व्यंग्य गीत खास तवज्जुह नहीं पा सका–'शोर है गली-गली, सौ-सौ चूहे खाके बिल्ली हज को चली'। इस गीत की धुन बनाने में सलिल चौधरी उस तरह कामयाब नहीं हुए, जिस तरह शंकर जयकिशन 'सूरज जरा आ पास आ/ आज सपनों की रोटी पकायेंगे हम' (उजाला)– या–'दिल का हाल सुने दिलवाला' (श्री 420) में हो जाते हैं। यह कतई नहीं कि सलिल चौधरी किसी से कमतर हैं–शीर्ष एक नहीं, अनेक होते हैं और उनमें तुलनाएं किसी मतलब की नहीं होतीं–गरज ये कि शंकरजयकिशन ही नहीं शैलेन्द्र भी पूरी तरह बम्बइया सिनेमा के फार्मेट में अपनी अभिव्यक्ति की संपूर्णता तलाशते हैं लेकिन सलिल चौधरी में डुबो देना नहीं है। वे अपनी निजता का आवरण नहीं उतार पाते।

शैलेन्द्र के गीतों में कुछ शब्दों की भयानक पुनरावृत्ति है–सजन, साजन, गोरी, आंसू, सागर, किनारा, बूंद, चंदा, प्यार, दिल, चमन, अरमान, इशारा, ख़्वाब, सपना, तकदीर, ज़मीं, आसमान ... आदि आदि। बंबइया सिनेमा के गीतों में उपयोग की जाने वाली ठेठ मुहावरेदानी में शैलेन्द्र ने गीत लिखे और इस तरह कि पानी पर तेल की बूंद की तरह रहने की लोकोक्ति को साकार किया। शैलेन्द्र का शब्द संसार ठीक बंबइया सिनेमा की संकीर्ण परिधि की तरह सिमटा हुआ है।

और इस तरह कि वे सारी दुनिया के शब्दों के चक्कर में पड़ने से बेहतर खूब इस्तेमाल किये जाने वाले 'लोकल' शब्दों की छोटी-सी पूंजी से काम चलाते हुए गणेश की तरह विजय का लड्डू पा जाते हैं। वे शब्दों को संगीतिक स्थापना के द्वारा प्रतिनिधित्व देते हैं। बिल्कुल सहज और मानो ठीक कविवर भवानी प्रसाद मिश्र के शब्दों को प्रत्यक्ष करते हुए–'जिस तरह मैं बोलता हूं / उस तरह तू लिख / और इसके बाद भी / मुझसे बड़ा तू दिख'। इसीलिए वे सिनेमा के गीतों में इस तरह भी उपस्थित होते हैं–

चूल्हा है ठंडा पड़ा
और पेट में आग है
गर्मागरम रोटियां–कितना हसीं ख़्वाब है।

और अब जरा इस हसीन ख़्वाब की रंगीनियों पर भी एक नज़र कर लीजिए–

आलू टमाटर का साग
इमली की चटनी बने
रोटी करारी सिंके–
घी उसपे असली लगे!

ख़्वाब की कैसी अपूर्व वैश्विक मानवतावादी दृष्टि है जो शैलेन्द्र शम्मीकपूर जैसे अभिनेता के साथ चस्पा कर देते हैं। उसके साथ जिसकी छवि के लिए 'या अल्लाह, या अल्लाह दिल ले गई' जैसे फिकरे तैयार किये गये। पर शैलेन्द्र 'उजाला' में ही इस गीत के अतिरिक्त, जो पढ़ते हुए नई कविता की तरह मालूम होता है, एक और संवेदनशील गीत रचते हैं–'अब कहां जाएं हम ये बता ऐ ज़मीं / इस जहां में तो कोई हमारा नहीं / अपने साये से भी लोग डरने लगे / अब किसी को किसी पर भरोसा नहीं।'

उन्हें जहां भी अवसर मिलता है वे जीवन की त्रासद विसंगतियों और चरित्र की संवेदना के रागात्मक आनंद को गड्ड-मड्ड कर देते हैं और गीत को कविता के नजदीक ले आते हैं–

सूरज के जैसी गोलाई
चंदा सी ठंडक भी पाई
खनके तो प्यारे दुहाई
तेरी धूम हर कहीं
तुझसा यार कोई नहीं
हमको तो प्यारे है तू सबसे प्यारा
लइ लइ लइ लइ लई !

'कालाबाजार' के इस गीत की बुनावट नज़ीर अकबराबादी की नज़्मों की भांति है। इसके अंतरों में वे 'तू चोर तू ही सिपहिया' जैसी अनेक वर्णनात्मक कड़ियां जोड़ते हैं। और इसी फिल्म में वे एक बेहद भावुक प्रेमगीत गद्यात्मक वार्तालाप की तर्ज पर खड़ा करते हैं जो जाने पहचाने सहज बातचीत के वाक्यांशों के द्वारा अनुपम रागात्मकता की सृष्टि करता है। यह गीत आज चार दशक बाद भी मानक बना हुआ है–'हम मिट चले, जिनके लिए / बिन कुछ कहे, वो चुप चुप रहे / कोई जरा ये उनसे कहे–न ऐसे आजमाओ !'

यही अंतर्विरोध शैलेन्द्र की अहं शक्ति है। वे आपकी जरूरत को अपने अंदाज में ढाल लेते हैं। आवरण के विक्षत होने का शिकवा नहीं करते। उनकी प्रगतिकामी दृष्टि रागात्मक ऊष्मा का तिरस्कार नहीं करती। वह अपने वैराट्य में उसे समायोजित कर लेती है। उसका स्वीकार अपनत्व की सहजता से अनुरंजित है।

सो लगता है कि शैलेन्द्र अपनी निजता खो देते हैं। होता सिर्फ ये है कि वे आवरण का मोह नहीं करते। साफ-साफ कह पाने के लिए आवरण खो देने में कोई गुरेज़ नहीं करते इसलिए कि उन्हें खूब मालूम है–'दिल पे मरने वाले, मरेंगे भिखारी'।

जब गीत रचा गया था तब एक संशोधन सुझाया गया था–'मरेंगे' की जगह पर 'मिलेंगे' होना चाहिए–और शैलेन्द्र सिर्फ मुस्कुरा दिये थे। ये तुम नहीं समझोगे–रातें दसों दिशाओं से ही अपनी कहानियां कहेंगी। यहां बच्चों को दिशा ज्ञान नहीं कराया जा रहा है जो चार ही दिशाएं होंगी। जो दिल पे मरते हैं वे कहीं मिलेंगे भला ! सो यही होगा–

'दिल पे मरने वाले, मरेंगे भिखारी'–मिलेंगे नहीं।

यहां कोई समझौता नहीं / ये दिल का मुआमला है / तुम्हारा आवरण ओढ़ लिया / तुम हमारा कमाल ओढ़ो/ वर्ना–

तुम्हारी भी जै जै
हमारी भी जै जै
न तुम हारे–न हम हारे!

यूं उन्हें राजकपूर खेमे से जुड़ा माना जाता था। हिन्दी सिनेमा संगीत के स्वर्णकाल की वृहद चतुष्टयी शंकर/जयकिशन/शैलेन्द्र/हसरत ने शताधिक फिल्मों में कोई एक हजार मधुर गीतों की रचना की है। पर शैलेन्द्र सचिन देव बर्मन, सलिल चौधरी, रोशन जैसे अन्य विलक्षण संगीतकारों को भी अतिप्रिय थे। उन्होंने चित्रगुप्त, सुहृदकर, दत्ताराम, एस.एन. त्रिपाठी जैसे साधारण समझे जाने वाले संगीतकारों के लिए भी गीत लिखे और पं. रविशंकर द्वारा संगीतबद्ध हृषिकेष मुकर्जी निर्देशित 'अनुराधा' के लिए भी। सचिन देव बर्मन ने कहा था कि वे शैलेन्द्र के गीतों के अभाव में 'गाइड' के संगीत संयोजन की कल्पना भी नहीं कर सकते थे।

देव आनंद को मजरूह या साहिर ज्यादा पसंद थे। पर 'कालाबाजार' और 'गाइड' के लिए सचिन देव बर्मन ने शैलेन्द्र से गीत लिखवाने की शर्त रखी। सचिन देव बर्मन और विजय आनन्द जानते थे कि उनकी गाथा के महानायक के व्यक्तित्व के फलसफे को बिल्कुल आसान शब्दों में सिर्फ शैलेन्द्र ही गीतों में ढाल सकते हैं–ऐसे गीत जो महानायक के चाहने वालों के दिलों में न केवल उतर जायें अपितु उसकी छवि की अमिट छाप बना दें। जो 'गाइड' की आंतरिकता इतनी सादगी से उन्वान गीत में महज ही एक पंक्ति में संपूर्ण कर दे–'तूने तो सबको राह दिखाई, तू खुद अपनी राह भूला !'

और सिर्फ 'वहां कौन है तेरा, मुसाफिर जायेगा कहां' ही नहीं, 'कांटों से खींच के ये आंचल / तोड़ के बंधन बांधी पायल / कोई न रोको दिल उड़ान को/ दिल ये चला, अहा हा...हा...हा...हा' और 'दिन ढल जाये / हाय रात न जाये' में भी वे देव के महानायकत्व के फलसफे की बारीकियों को आम आदमी तक बेहद सरलता से पहुंचा देते हैं–'आज फिर जीने की तमन्ना है / आज फिर मरने का इरादा है!'

उसी को देखकर जीते हैं, जिस काफिर पे दम निकले। जिस पर दम ही न निकले उसे देखकर क्या कोई खाक जियेगा! 'गाइड' के अनन्त आत्मसाक्षात्कार को आत्मघात की वेदना से उबार कर बाहर शैलेन्द्र के गीत ही लाते हैं–'कहते हैं ज्ञानी / दुनिया है फानी / पानी पे लिखी लिखाई / है सबकी देखी–है सबकी जानी / हाथ किसी के न आई... हाथ किसी के न आई/कुछ तेरा न मेरा...मुसाफिर जायेगा कहां!'

उन्होंने अपने समय के तमाम महानायकों की छवियों को लयात्मक संवेदना से परिपूर्ण किया। दिलीप कुमार, देव आनंद, गुरुदत्त, अशोक कुमार, बलराज साहनी, किशोर कुमार, राजेन्द्र कुमार, शम्मी कपूर, प्रेमनाथ प्रभृति अनेक छवियों को उन्होंने अपने गीतों में व्याख्यायित किया। एक राजकपूर के लिए ही उन्होंने शीर्षक गीत नहीं

लिखे हैं। स्वर्णयुग के तमाम महानायक शैलेन्द्र के सहज शब्दों के द्वारा आलोकित हुए हैं। शैलेन्द्र बार-बार अपने गीतों को बीहड़ पगडंडियों में उतार देते हैं। कठिन से कठिन व्यक्तित्व की गहनताओं में एकदम तरल कर देते हैं–'ऐ मेरे दिल कहीं और चल, ग़म की दुनिया से जी भर गया / ढूंढ़ ले फिर कोई घर नया !' (दाग)

और ये सादगी इन्द्रधनुषी चमत्कार रचती है–'देखा भी नहीं तुझको, सूरत भी न पहचानी / तू आके चली छम से, ज्यूं धूप के दिन पानी !' (कन्हैया)

शैलेन्द्र ने कभी चित्रात्मकता का आग्रह प्रदर्शित नहीं किया और प्रत्यक्ष रूप से कभी-कभी सपाट की हद तक दिखते हुए उनके गीत अनुरंजित आंतरिक चित्रात्मकता का विशाल पटल उपस्थित करते हैं–सिर्फ इन उपर्युक्त दो पंक्तियों में ही नहीं–अनेक स्थानों पर अनेक रूपों में–अनेक भावनाओं की प्रस्तुति करते हुए ईश्वर की आराधना को भी मानवीय धरातल पर इसलिए वे ले आते हैं–'न मैं धन चाहूं, न रतन चाहूं, तेरे चरणों की धूल मिल जाए तो मैं तर जाऊं' और इसलिए ही उनकी लोरियां सिर्फ बच्चों को सुलाने के लिए काम नहीं आतीं, पराजित और थके हुए मानस को ढांढ़स बंधाने के काम भी आती हैं। वे बचपन की मासूमियत के बीच से जिंदगी की तलखियों का स्वाद ढूंढ़ निकालते हैं–'इक दिन ये बोला मुन्ना / मम्मी से बोला मुन्ना /क्यूं न रोटियों का झाड़ हम लगा लें/ रोटी तोड़ें, आम तोड़ें, रोटी आम खा लें / मम्मी को आई हंसी / हंसकर कहने लगी / बेटा मेहनत के बिना / रोटी किस घर में पकी / जियो मेरे लाल! जियो मेरे लाल!'

ये शैलेन्द्र का कमाल है कि वे नगरीय निम्नमध्यवर्गीय जीवन के सुख दुःख के साथ लोकत्व को बड़ी कारीगरी से चस्पा कर देते हैं। मजा यह है कि उनकी इस कारीगरी को अक्सर पहचाना ही नहीं जाता। जैसे इस गीत में वे 'जियो मेरे लाल' के उपयोग द्वारा लोकतत्त्व को रागात्मक परिपूर्णता के साथ उपस्थित कर देते हैं। एकाएक समूचे गीत का तेवर ही बदल जाता है। बचपन की खुशगवार कल्पनाओं के बीच हकीकत की तुर्श मौजूदगी शैलेन्द्र के बाल गीतों और लोरियों की खास बात है।

शैलेन्द्र जानते हैं कि यह फिल्मलोक भावनाओं का संसार है इसलिए वे अपना सफर दिल से दिमाग की ओर जारी रखते हैं। वे दिमाग की उपेक्षा नहीं करते, उसका साहचर्य दिल के साथ स्थापित कर देते हैं। क्योंकि वे उस माध्यम के साथ एकाकार हुए हैं जिसमें तब ही गुजर है जब दिल बड़ा हो और दुनिया छोटी। शैलेन्द्र ने राजकपूर के ट्रेम्प, देव के शीर्ष चरित्र 'गाइड' को ही व्याख्यायित नहीं किया, दिलीप कुमार की छवि को भी अपने शब्दों की सादगी से नये आयाम दिये–'ये मेरा दीवानापन है या मुहब्बत का सुरूर / तू न पहचाने इसे तो है तेरी नज़रों का कुसूर' और 'टूटे हुए ख़्वाबों ने हमको ये सिखाया है / दिल ने जिसे पाया था, आंखों ने गंवाया है'–'यहूदी' और 'मधुमती' में।

शैलेन्द्र ने 1949 से 66 के बीच कोई सौ से भी अधिक फिल्मों में शंकर जयकिशन के साथ और लगभग पचास फिल्मों में अनेकानेक संगीतकारों के साथ गीत लिखे। इन

अठारह सालों में उन्होंने उस समय के लगभग हर नायक-नायिका के लिए गीत लिखे, उसके व्यक्तित्व की बारीकियों को निखारते हुए और उस घटना की नाटकीयता को चमकाते हुए जिसका उद्घाटन वह चरित्र कर रहा है और कम-से-कम अल्फाज़ों का इस्तेमाल करते हुए–'तेरा जाना, दिल के अरमानों का लुट जाना !'(अनाड़ी) मानो एक पंक्ति में ही गीत संपूर्ण हो जाता है।

ये कि शैलेन्द्र ने अपनी समूची रचनात्मकता को बंबइया सिनेमा के फार्मेट में डुबो दिया–इस तरह कि जस की तस धर दीनी चदरिया–किसी से कोई गिला नहीं, शिकवा नहीं, यहां तक कि 'उससे' भी नहीं–'बहुत दिया देने वाले ने तुझको/ आंचल ही न समाए तो क्या कीजे / बीत गए जैसे ये दिन रैना / बाकी भी कट जाएं दुआ कीजे' (सूरत और सीरत)।

एक बार सिनेमा के होकर फिर उन्होंने पीछे मुड़कर नहीं देखा। उन्होंने बंबइया सिनेमा की सीमाओं को संपूर्णता से स्वीकार कर लिया। इस तरह कि हर सीमा को जगह-जगह से खंडित होने के लिए मजबूर कर दिया। पचास के दशक के गीतों में 'रमैया वस्तावैया' की अपनी अलग पहचान है। भावुक गीतों में शीर्षस्थ होने के समय में वे 'मेरा जूता है जापानी' की चपलता में आदमीयत की असल पहचान रेखांकित करते हुए जमीन को आसमान बना देते हैं–'होंगे राजे राज कुंवर हम बिगड़े दिल शहजादे / हम सिंहासन पर जा बैठे जब-जब करें इरादे' और इस बिगड़े दिल शहजादे का इरादा हवाई कतई नहीं है क्योंकि उसे ये भी खूब मालूम है–'चलना जीवन की कहानी, रुकना मौत की निशानी!'

आंसुओं में कहकहों की शोखी घोलने वाले शैलेन्द्र एक बार नहीं कहते–'ज़ख्मों से भरा सीना है मेरा, हंसती है मगर ये मस्त नज़र'–वे बार बार कहते हैं–'फटै कलेजा गाओ गीत, दुख सहने की ये ही रीत' (तीसरी कसम)–'हैं सबसे मधुर वे गीत जिन्हें हम दर्द के सुर में गाते हैं' (पतिता)–'क्यों कहते हो प्यार किया था, कह दो किसी से दर्द लिया था' (हलाकू)। वे साफ-साफ कहते हैं–'जो ठोकर न खाए नहीं जीत उसकी / जो गिरकर संभल जाए है जीत उसकी / निशां मंजिलों के हैं पैरों के छाले /कहां जा रहा है तू ऐ जाने वाले' (सीमा)।

वे साहित्य से सिनेमा में आकर जज़्ब हो जाने की अपनी पराजय को, सिनेमा के गीतों को साहित्यिक भाव गहनता तक लाकर अपने दोस्त राजकपूर द्वारा दिए गए विशेषण 'कविराज' को सार्थक कर देते हैं। राजकपूर कहते हैं–'कविराज थे, असली कविराज, हम जिस किस्से कहानी को सालों-साल में गढ़ पाते वो उसकी रूह को दो लाइनों में उकेर कर दो मिनट में सिगरेट की डिब्बी पर लिखकर हमारे सामने फेंक देते।'

यह शैलेन्द्र की खास अदा थी–गीत का मुखड़ा लिखने की। निर्माता-निर्देशक या संगीतकार ने गीत की 'सिचुएशन' बतलाई नहीं कि उन्होंने आनन-फानन में सिगरेट की डिब्बी पर गीत के मुखड़े की दो पंक्तियां लिख कर रख दीं।

उनके गीत खुद कहते हैं कि इनमें रचनाकार ने अपनी पूरी दमखम लगा दी है,

पर अपार सफलता अर्जित करने के बावजूद शैलेन्द्र उससे सम्मोहित नहीं होते। खुद को पूरी तरह फिल्मों के गीत लिखने में समर्पित कर देने के बावजूद वे अपनी रचनात्मकता से संतुष्ट नहीं होते और अपने असंतोष से मुक्ति वे बाहर जाकर तलाश नहीं करते– उसी माध्यम के बीच करते हैं जो उन्होंने चुना है।

'तीसरी कसम' सफल हुई या असफल, पुरस्कृत हुई या तिरस्कृत, इन सबसे आगे इस सत्य की अभिव्यक्ति है कि इसे कोई कवि हृदय ही रच सकता था। इसीलिए यह निर्देशक से भी पहले निर्माता की फिल्म है। ठीक उसी तरह जैसे 'साहिब बीवी और गुलाम' के निर्देशक तो अब्रार अल्वी हैं लेकिन महामहिम समीक्षकगण भी इसे गुरुदत्त की रचना मानते हैं। जैसे 'जिस देश में गंगा बहती है' राधू कर्मकार की जगह राजकपूर की ही फिल्म मानी जाती है। 'तीसरी कसम' की तरल छटपटाहट की बासु भट्टाचार्य की परवर्ती रचनाधर्मिता में सर्वथा अनासक्ति है। ये फिल्म वे शैलेन्द्र के लिए बनाते हैं। यह शैलेन्द्र का मानसपुत्र है।

शैलेन्द्र ने 'तीसरी कसम' इसलिए नहीं बनाई थी कि वे अपार धन कमा लें। उन्होंने राजकपूर की नजदीकी कैश करने के लिए 'तीसरी कसम' नहीं बनाई थी। बहुत नाम कमा लेने की भी हवस नहीं थी–वर्ना वे इसके निर्देशक भी होते–उनके लिए 'तीसरी कसम' उनके कवि की सीमाओं को विस्तार देने की कोशिश थी–उसी तंग दायरे में जो उन्होंने अपनी रचनात्मकता की अभिव्यक्ति के लिए चुन लिया था। मानो 'ब-कद्र-ए-शौक नहीं ज़र्फ-ए-तंगना-ए-ग़ज़ल / कुछ और चाहिए वुसअत मेरे बयां के लिए' शैलेन्द्र के लिए 'तीसरी कसम' बंबइया सिनेमा के दायरे में एक गीतकार की रचनात्मक अभिव्यक्ति की कशिश का विस्तार है। जिस साहित्य संसार ने उनकी तनिक भी कद्र नहीं की उसी के कोष से शैलेन्द्र ने एक अत्यंत सूक्ष्म बाह्य रेखाओं से गुम्फित फणीश्वरनाथ रेणु की प्रेमकथा–'मारे गये गुलफाम उर्फ तीसरी कसम' को चुनकर सेल्यूलॉयड पर एक मार्मिक प्रेमगीत की तरह उकेर दिया। हिन्दी में किसी कृति के फिल्म रूपांतरण को उसके मूल लेखक ने इस तरह कभी नहीं सराहा जिस तरह रेणु ने 'तीसरी कसम' को।

और क्यों नहीं, शैलेन्द्र ने 'तीसरी कसम' में इस तरह ख़्वाब और हकीकत को शीशे और पत्थर की तरह टकरा दिया है कि प्रेक्षक के भीतर समूची फिल्म एक गीत की लय में समाती है। लोकजीवन के सिनेमाई उद्घाटन में वे बिमलराय की 'मधुमती' के आगे जाते हैं। 'लाली लाली डोलिया में लाली रे दुल्हनियां' और 'चलत मुसाफिर मोह लियो रे पिंजरे वाली मुनिया' जैसे लोकगीतों के द्वारा वे राजकपूर की आम आदमी की छवि को अनिवार्य लघुता और उस लघुता का आसमान भी देते हैं। इस तरह कि राजकपूर गायब होकर देहाती भुच्च हाजिर होता है–जिसके लजाकर 'इस्स' कहने में भी गीत का लयात्मक माधुर्य है। सिर्फ दो पात्रों के बीच पाने-खोने और खोकर पाने की कोशिश का तमाशा–बिना कुछ कहे सुने–एक गीत की तरह लहराते हुए दिगंत में खो जाते हुए।

जिस छवि परिष्कार के लिए अपने कैरिअर के उत्तरार्द्ध में अमिताभ बच्चन बेचैन

हैं–'तीसरी कसम' के हीरामन में शैलेन्द्र ने राजकपूर की छवि को वैसा ही परिष्कार दिया है। अधेड़ राजकपूर के चरित्र को कैशोर्य प्रेम की मार्मिकता में इस तरह उतार दिया कि वह भूमिका राजकपूर की अभिनय क्षमता का प्रतिमान बन गई।

'तीसरी कसम' के निर्माण के द्वारा शैलेन्द्र अपनी रचनात्मकता में असफल नहीं होते, कृति के विक्रय की रोजगारी चालबाजी में नाकामयाब होते हैं। और इस नाकामयाबी पर भी उनकी प्रतिक्रिया किसी रोजगारिये की नहीं होती–एक बेचैन कवि हृदय की होती है–'मुझको ये जहर न चाहिए / मुझको गीत, मुझको प्रीत, मुझको चाहिए बहार!'

सो ये आत्मघात पलायन नहीं है। जिंदगी को गीत की तरह ऊर्जस्वित उन्मुक्त रखने का आनंदलोक है। पता नहीं कि दुनिया, मैं तेरे तीर का मारा हूं या तकदीर का। तब भी तकदीर का शिकवा नहीं–तकदीर कहां ले जायेगी, मालूम नहीं / पर दिल कहता है ग़र्दिश भी–आखिर तो कहीं पहुंचायेगी!

तब ही यह आत्मघात आनंदोत्सव है। मौत का महबूबा की तरह आलिंगन! अपनी रचना के आनंद में सम्पूर्ण हो जाना। पराजय तो जमाने की हुई है जिसने कवि के रचनात्मक आनंद को शिरोधार्य करने का सुअवसर गवां दिया। 'तीसरी कसम' का असफल हो जाना शैलेन्द्र के लिए आर्थिक नुकसान था, आत्मिक नुकसान नहीं था। उन्हें खूब पता था कि उन्होंने वह फिल्म बनाई है जो तभी बनती है जब कोई लहू के रग़ों में दौड़ते फिरने का कायल नहीं रहता। लुत्फ़ तो तभी है जब वह आंखों से टपके।

मौत इक गीत रात गाती थी
ज़िंदगी झूम-झूम जाती थी।

यह एक सुखद आश्चर्य है जो शैलेन्द्र समूचे बंबइया सिनेमा के हैं–उनके प्रति हिन्दी के अनेक कवियों-लेखकों का असीम अनुराग देखने को मिलता है। वे जिन्होंने सिनेमा के गीतों के अतिरिक्त और कोई आयाम अपनी अभिव्यक्ति के लिए तलाश नहीं किया–उनकी रचनात्मक गहराई और मानवीय सार्थकता मनीषियों को उद्वेलित करने में सक्षम है। शैलेन्द्र के प्रति इस आकर्षण में हमें आधुनिक कविता का वह गुमान थरथराता दिखलाई पड़ता है जो लयात्मक संगीतात्मकता का निषेध करता है जिसका ख़ामियाजा स्वातन्त्र्योत्तर कविता ने सामान्यजन से दूर होते जाने का उठाया है।

बीसवीं शताब्दी के उत्तरार्द्ध में छंद का तिरस्कार फैशन से भी आगे जाकर मारक अस्त्र की भांति हुआ। निराला की छंदमुक्ति को नितनूतन लयात्मकता के अनवरत संधान की जगह शुष्क गद्यात्मक होते चले जाने में ले लिया गया। यह नहीं पहचाना गया कि वस्तुतः निराला ने अपनी हर कविता के लिए नए छंद का संधान किया है। उनके गद्य गीतों तक में सुसंगत लयबद्धता मौजूद है। इस सुविचारित षड्यंत्र ने अनेक कवियों का मार्गसंकोच किया। अनेक कृती गीतकारों को अनिवार्य अपरिहार्यता में

रेखांकित नहीं होने दिया। यहां तक कि खुद नई कविता ने बार-बार रूढ़ छंद की तरह नीचट होते जाने का दुर्भाग्य झेला।

शैलेन्द्र के लिखे अनेक फिल्मी गाने–गीत की आंतरिक सामर्थ्य और उसके असीम विस्तार का उद्घोष करते हैं। उनके गीत सिनेमा में कविता की अनन्य शक्ति के रूप में जुड़ते हैं। वे अपने गीतों से कथ्य की आंतरिकता के अपरिमित आयाम खोलते हुए, कभी-कभी तो एक स्वतंत्र मार्मिक कविता के रूप में उपस्थित हो जाते हैं।

किसी की मुस्कुराहटों पे हो निसार
किसी का दर्द मिल सके तो ले उधार
किसी के वास्ते हो तेरे दिल में प्यार
जीना इसी का नाम है...

रिश्ता दिल से दिल के एतबार का
ज़िन्दा है हमीं से नाम प्यार का
कि मर के भी किसी को याद आयेंगे
किसी के आंसुओं में मुस्कुराएंगे
कहेगा फूल हर कली से बार बार
जीना इसी का नाम है...

शैलेन्द्र के गीत शब्दों की संगीतात्मकता में सम्पूर्ण होते हैं। यही अंदाज जीवन की विसंगतियों और दुर्धर्ष सच्चाइयों को सिनेमा जैसे तात्कालिक प्रबोध की प्रवंचना से अभिशप्त माध्यम में गीतों में ढाल पाता है। यही उदात्त समर्पण तात्कालिकता की संतुष्टि का निर्वाह करते हुए कालातीत होता चला जाता है। तब ही जो गीत जीवन की निस्सारता को अभिव्यक्ति करते हुए आरंभ होता है–'रात गई और दिन आता है / इसी तरह आते जाते ही ये सारा जीवन जाता है!'–वह नवजीवन की प्रत्याशा में सम्पूर्ण होता है–'वो रात गई, ये सुबह नई!'–इसलिए कि आधारशिला यह यकीन है–'बदलेगा जमाना / ये सितारों पे लिखा है!'–तब ही वे एक अदना आदमी के हौसले को यह ऊंचाई दे पाते हैं–'खुद ही मर मिटने की ये जिद है हमारी!'

शैलेन्द्र ने सिनेमा को माध्यम के रूप में चुनने के बाद उसे विवशता की तरह स्वीकार नहीं किया और सफलता-लोकप्रियता हासिल कर लेने के बाद उसके अहंकार में निमज्जित नहीं हुए। वे अपने गीतों की ही तरह सरलता के साथ सिनेमा में सम्पूर्ण हो गए। वे छठे दशक के अंत में ही सिने गीत-संगीत की परिलक्षित होने लगी गिरावट पर चोट करते हैं–'टीन कनस्तर पीट-पीटकर, गला फाड़कर चिल्लाना / यार मेरे मत बुरा मान, ये गाना है न बजाना!'

और शैलेन्द्र हिन्दी सिनेमा के स्वर्णकाल की अंतिम घड़ी में इस दुनिया से विदा हो गए। यह बहिर्गमन उन्होंने स्वयं चुना। जैसे उन्हें अपनी रचनात्मकता की सम्पूर्णता का एहसास हो गया हो और भारतीय दर्शन में वर्णित उस माया का साक्षात्कार हो गया

हो जो जीव को इस मायालोक में भटकने के लिए प्रेरित करती है। यह आध्यात्मिकता जीवन के नास्तिक भाव से उद्भूत है। यह आत्मविसर्जन अहं ब्रह्मास्मि हो जाना है। कविराज सब कुछ सह सकते थे पर जीवन की काव्यात्मकता के साथ छेड़छाड़ नहीं। और जो यही है सच तो वे कह ही चुके थे–खुद ही मर मिटने की ये जिद है हमारी।

शैलेन्द्र के एकाएक परिदृश्य से गायब हो जाने की वेदना हमारे किशोर मन ने एक अदृश्य प्रतीति की तरह महसूस की। इसे साकार करने का, इस अमूर्तन को प्रत्यक्ष देखने का, उन गीतों की रचना के बीच उत्पन्न होने वाली परिस्थितियों के काल्पनिक अभिज्ञान को किस्सों की शक्ल में जान पाने का अवसर मुझे बार-बार मिला। राजकपूर, राधू कर्मकार, हसरत जयपुरी, ख़्वाज़ा अहमद अब्बास साहब, बी.आर. इशारा आदि अनेक संगी साथियों को वे अलग-अलग तरह याद आते थे। सो स्मृतियां उनके गीतों की इस सादगी का ही बयान करती हैं कि कोई भी रचनात्मक व्यक्ति कैसी भी कठिन और विपरीत परिस्थितियों में अपनी सृजनात्मकता को बरकरार रख सकता है और इतना ही नहीं, उनका अतिक्रमण करते हुए अपने काव्यात्मक उच्छ्वास को नये आयाम दे सकता है। यहीं से हमारी शैलेन्द्र की कविता के साथ लिखित शब्द की तरह सलूक करने की शुरुआत हुई।

मैं नदिया फिर भी मैं प्यासी

सही मायनों में शैलेन्द्र की पहचान बनी 1951 में जब सारे जमाने ने गुनगुनाया–आवारा हूं, या गर्दिश में हूं आसमान का तारा हूं।

यूं उनकी शुरुआत 1949 में हुई थी–राजकपूर की 'बरसात' से। 'बरसात' में वे लगभग अन्त में जुड़े। सिर्फ शीर्षक गीत लिखा जाना बाकी था। वही शैलेन्द्र ने लिखा। वह अपार लोकप्रिय हुआ–'बरसात में, हमसे मिले तुम सजन, तुमसे मिले हम–बरसात में–तक धिना धिन।' लेकिन तब भी शैलेन्द्र की जड़ें नहीं जमीं। लेकिन हसरत जयपुरी के साथ उनकी जोड़ी जम गई और आखिरी सांस तक कायम रही। 'बरसात' के ज्यादातर गीत हसरत जयपुरी ने लिखे थे। इनके अलावा जलाल मलीहाबादी और रमेश शास्त्री ने भी 'बरसात' के गीत लिखे थे। 'छोड़ गए बालम मुझे हाय अकेला छोड़ गए'–'हवा में उड़ता जाए मेरा लाल दुपट्टा मलमल का'–'मुझे किसी से प्यार हो गया'–'जिया बेकरार है छाई बहार है'–'बरसात' के गीत एक से बढ़कर एक लोकप्रिय हुए। यह माधुर्य

की बरसात थी। 'बरसात' के हर गीतकार के गीत मकबूल हुए थे। शैलेन्द्र का तेवर सबसे जुदा जरूर था लेकिन उस एकरूपता में अलग शिनाख़्त नहीं बन सका। वह सिर्फ एक सफलता थी और सिर्फ सफलता शैलेन्द्र का मकसद कतई नहीं थी। 'बरसात' जैसी शुद्ध रोमेंटिक फिल्म में शैलेंद्र की बेचैन कविदृष्टि के लिए बहुत गुंजाइश भी नहीं हो सकती थी।

शैलेन्द्र का लोहा पहचाना गया 'आवारा' में–'आबाद नहीं बर्बाद सही, गाता हूं खुशी के गीत मगर, ज़ख़्मों से भरा सीना है मेरा, हंसती है मगर ये मस्त नज़र'। 'आवारा' में शैलेन्द्र को मुनासिब मौका मिला और उन्होंने साबित कर दिखाया कि तू ज़िंदा है तो ज़िंदगी की जीत में यकीन कर। 'आवारा' में शैलेन्द्र के गीतों के शब्दों ने फिल्म की आत्मा को गढ़ा। सिर्फ 'आवारा हूं' ही नहीं, 'घर आया मेरा परदेसी'–'मुझको ये ज़हर न चाहिए मुझको चाहिए बहार' और 'एक दो तीन आजा मौसम है रंगीन' भी। ग़रज़ ये कि शैलेन्द्र ने लगभग हर सिचुएशन के लिए गीत लिखे और यह साबित कर दिया कि वे अपने रंग में बिल्कुल अलग होते हुए भी सिनेमा की जरूरतों के मुताबिक बेमिसाल गीत लिख सकते हैं जो लोगों की जुबान पर आसानी से चढ़ जाएं।

1951 से 66 तक शैलेन्द्र ने अपनी अहमियत सर्वोपरि बनाए रखी। इस समय हिन्दी सिनेमा में राजकपूर, दिलीपकुमार और देव आनन्द का वर्चस्व था। तीनों के बीच कड़ी प्रतिस्पर्धा थी। हालांकि उसमें आज के फूहड़पन का अभाव था। इनकी टीमें अलग-अलग थीं। पर शैलेन्द्र की जरूरत राजकपूर के अलावा देव आनन्द और दिलीप कुमार को भी हुई। 'यहूदी' और 'मधुमती' में शैलेन्द्र ने दिलीप कुमार के लिए और 'काला बाजार'–'गाइड'–'ज्वेल थीफ' में देव आनन्द के लिए गीत लिखे।

जब शैलेन्द्र ने हिन्दी सिनेमा में कदम रखा, वह सिनेमा में उर्दू शायरों के वर्चस्व का जमाना था। मजरूह सुल्तानपुरी, शकील बदायूनी, कमर जलालाबादी, राजा मेंहदीअली खां की तूती बोलती थी। गोपाल सिंह नेपाली और पं. भरत व्यास जैसे गीतकार भी थे जो विशुद्ध हिन्दी का प्रयोग करते थे, पर उनके हिस्से में धार्मिक फिल्में ही अधिक आती थीं। इसी तरह पं. प्रदीप ने भी ज्यादातर साधारण फिल्मों के लिए ही असाधारण गीत लिखे। दरअसल नेपाली, भरत व्यास और पं. प्रदीप तीनों ही विलक्षण काव्य प्रतिभा के धनी होते हुए भी सिनेमा की जुबान से उस तरह एकात्म नहीं हो सके जिस तरह शैलेन्द्र हुए। हिन्दी सिनेमा में शैलेन्द्र की अद्वितीय सफलता का यही रहस्य है।

1951 में ही गुरुदत्त निर्देशित 'बाज़ी' से साहिर लुधियानवी के रूप में एक और अद्भुत प्रतिभा का हिन्दी सिनेमा में गीतकार के रूप में प्रवेश हुआ। साहिर उर्दू अदब में एक विद्रोही शायर के रूप में प्रतिष्ठा प्राप्त कर चुके थे। पर हिन्दी सिनेमा में वे 1957 में 'प्यासा' के पूर्व तक वह मुकाम नहीं पा सके जहां शकील और मजरूह थे। शैलेन्द्र ने 'आवारा' में ही अपनी खास अहमियत बना ली थी। 1951 से 57 के बीच साहिर ने जिन प्रमुख फिल्मों में गीत लिखे वे हैं–'बाज़ी'–'जाल'–'फंटूस'–'हाउस नं. 44' और 'देवदास'। 1957 में गुरुदत्त की 'प्यासा' और बी.आर. चोपड़ा की 'नया दौर' के

साथ साहिर शीर्ष पर पहुंचे, जहां वे 1980 में अपने देहावसान तक बने रहे। साहिर ने हिन्दी सिनेमा के लिए–'जिसे तू कुबूल कर ले वो अदा कहां से लाऊं' (देवदास)–'तदबीर से बिगड़ी हुई तकदीर बना ले' (बाज़ी)–'ये रात ये चांदनी फिर कहां' (जाल)–'जीवन के सफर में राही मिलते हैं बिछड़ जाने को' (मुनीम जी)–'मैंने चांद और सितारों की तमन्ना की थी' (चन्द्रकान्ता)–'ये देश है वीर जवानों का' (नया दौर)–'वो सुबह कभी तो आयेगी' (फिर सुबह होगी)–'औरत ने जनम दिया मर्दों को, मर्दों ने उसे बाज़ार दिया' (साधना)–'तू हिन्दू बनेगा न मुसलमान बनेगा' (धूल का फूल)–'मैंने शायद तुम्हें पहले भी कहीं देखा है' (बरसात की रात)–'अल्ला तेरो नाम, ईश्वर तेरो नाम' (हम दोनों)– 'अब कोई गुलशन न उजड़े अब वतन आज़ाद है' (मुझे जीने दो)–'छू लेने दो नाजुक होंठों को' (काजल)–'ऐ मेरी ज़ोहराज़बीं' (वक्त)–'दुनिया करे सवाल तो हम क्या जवाब दें' (बहू बेगम)–'नील गगन के तले, धरती का प्यार पले' (हमराज)–'बच्चे मन के सच्चे' (दो कलियां)–'बाबुल की दुआएं लेती जा' (नीलकमल)–'मैं पल दो पल का शायर हूं' (कभी-कभी)–'इस रेशमी पाज़ेब की झंकार के सदके' (लैला मजनूं)–'मुहब्बत बड़े काम की चीज़ है'(त्रिशूल)–'इक रास्ता है ज़िंदगी' (काला पत्थर) आदि अत्यन्त प्रभावशाली गीत लिखे जिन्होंने अपार लोकप्रियता भी पाई।

साहिर की सबसे महत्वपूर्ण फिल्म है 'प्यासा' जिसमें गुरुदत्त ने उनकी दो नज़्मों का बेहद उम्दा प्रयोग किया। 'जिन्हें नाज है हिन्द पे वो कहां हैं' और 'ये दुनिया अगर मिल भी जाये तो क्या है' का फिल्मांकन जिस तरह गुरुदत्त ने किया, वह हिन्दी सिनेमा की सार्वकालिक उपलब्धि है। इनके अलावा 'तंग आ चुके हैं क़शमक़श-ए-ज़िंदगी से हम'–'जाने वो कैसे लोग थे जिनके प्यार को प्यार मिला'–'जाने क्या तूने कही, जाने क्या मैंने सुनी'–'आज सजन मोहे अंग लगा लो जनम सफल हो जाए' जैसे अनेक अविस्मरणीय गीत साहिर ने 'प्यासा' के लिए लिखे। साहिर के इन गीतों के बगैर 'प्यासा' की कल्पना तक नहीं की जा सकती। साहिर को भी ऐसा सुनहरा अवसर दूसरा नहीं मिला। उर्दू काव्य में प्रतिष्ठित उनकी अन्य अनेक ग़ज़लों और नज़्मों का प्रयोग अनेक निर्देशकों ने भी अपनी फिल्मों के लिए किया, पर वे काव्य की गरिमा फिल्म के साथ जोड़ने में 'प्यासा' की तरह कामयाब नहीं हुए। 'फिर न कीजे मेरी गुस्ताख-निगाही का गिला' (फिर सुबह होगी)–'कश्ती का खामोश सफर है, शाम भी है तन्हाई भी' (गर्ल फ्रैन्ड),–'ये किसका लहू है कौन मरा' (धर्मपुत्र),–'चलो इक बार फिर से अजनबी बन जाएं हम दोनों' (गुमराह),–'प्यार पर बस तो नहीं है मेरा लेकिन फिर भी' (सोने की चिड़िया),–'तुम मुझे भूल भी जाओ तो ये हक है तुमको' (दीदी)–प्रभृति अनेकानेक उत्कृष्ट रचनाओं का फिल्मों में सार्थक समायोजन नहीं हुआ। ये गीत तो बेहद मकबूल हुए लेकिन इनकी सिनेमाई सार्थकता नदारद रही। साहिर की शायरी का गुरुदत्त के अलावा अन्य कोई सार्थक उपयोग नहीं कर सका। साहिर के ही गीत अधिक लोकप्रिय हुए जो उन्होंने विशेष रूप से फिल्मों के लिए लिखे–'तोरा मन दर्पन कहलाए'(काजल)–'संसार से भागते फिरते हो, भगवान को तुम क्या पाओगे' (चित्रलेखा)–'आगे भी जाने

न तू, पीछे भी जाने न तू, जो भी है बस यही एक पल है' (वक्त)–'अल्ला तेरो नाम, ईश्वर तेरो नाम' (हम दोंनों) आदि-आदि।

शैलेन्द्र और साहिर दो ध्रुव हैं हिन्दी सिनेमा के स्वर्णकाल में गीत रचना के। अपने भौतिक स्वरूप में गुजर जाने से अलहदा वे वर्तमान हैं। उनके गीत आज का आनन्द हैं। आज जब फिल्मी संगीत के सौदे करोड़ों में होते हैं तब गीत-संगीत मृतप्राय है हिन्दी सिनेमा में। कहीं निजता की कोई शिनाख़्त नहीं है।

जिस तरह शैलेन्द्र समूचे सिनेमा के हुए, साहिर नहीं हुए। साहिर हिन्दी सिनेमा में रहकर भी आउटसाइडर की तरह रहे। साहिर ने शैलेन्द्र से कुछ कम गीत नहीं लिखे फिल्मों में। ज्यादा भी लिखे हों तो कोई ताज्जुब नहीं। पर उनके सिनेमा के लिए गीत लिखने में सिनेमा से कोई सृजनात्मक जुड़ाव नहीं था। शैलेन्द्र की यही मुसीबत थी कि वे सिनेमा में आउटसाइडर की तरह नहीं रहे। वर्ना 'तीसरी कसम' बनाने की बेवकूफी क्यों करते! वे तहेदिल से इसी विधा को समर्पित हो गए। भले ही इस समर्पण की कीमत उन्हें अपनी जान देकर चुकानी पड़ी। वह साहित्यिक यश उन पर न्यौछावर नहीं हो सका जिसके वे वाजिब हकदार थे। हिंदी सिनेमा को काव्यभाषा प्रदान करने वाले वे आदिपुरुष हैं।

शैलेन्द्र को शख़्सियत 'बरसात' ने नहीं 'आवारा' ने दी। 'आवारा हूं ...' ने उन्हें अन्तर्राष्ट्रीय पहचान दी। उनके शब्दों ने सोवियत यूनियन के लोगों को भी हिन्दुस्तानियों की तरह सम्मोहित कर लिया। शैलेन्द्र, हसरत और शंकर जयकिशन की ऐसी चौकड़ी जमी कि इसने दो दशक तक बंबइया सिनेमा पर एकछत्र राज्य किया। यूं तो 1945 से 70 के बीच अपनी धाक जमाने वाले संगीतकारों में नौशाद, मदनमोहन, एस.डी. बर्मन, सलिल चौधरी, कल्याण जी आनंद जी, रोशन, रवि, सी.रामचन्द्र, सज्जाद हुसैन, खय्याम, लक्ष्मीकांत प्यारेलाल, राहुल देव बर्मन जैसे अनेक दिग्गज हैं और इनकी गुणवत्ता का आलम यह है कि–को बड़ छोट कहत अपराधू।

इनके बीच शंकर जयकिशन ने सौ से अधिक फिल्मों में माधुर्य की जो बरसात की, वह अनुपम है। सबसे बड़ी बात तो यह है कि इनकी शायद ही ऐसी कोई फिल्म हो जिसके गीत अपार लोकप्रिय न हुए हों। शंकर जयकिशन ने सामाजिक, स्टंट, गंभीर कलात्मक, ऐतिहासिक, शास्त्रीय संगीत प्रधान सभी तरह की फिल्मों में संगीत दिया और हर जगह कामयाब हुए। हालांकि उनकी गुणवत्ता को ज्ञानियों ने उस तरह महत्त्व नहीं दिया जिस तरह नौशाद, मदनमोहन या सचिन देव बर्मन को। पर जनता ने उनकी हर तरह की फिल्मों के गीत गुनगुनाए। उनकी खासियत ही यही है कि वे आम आदमी के संगीतकार हैं। पहले 1966 में शैलेन्द्र और फिर 1971 में जयकिशन की मृत्यु के बाद शंकर फिल्मों में संगीत देते रहे और शंकर जयकिशन के नाम से ही, पर 1970 के बाद वह पुराना आकर्षण कायम नहीं रह सका। न संगीत में वह बात रही और न गीतों में। पर दो दशक तक यह चौकड़ी हिन्दी फिल्म संगीत में छाई रही। शंकर जयकिशन की इस बेमिसाल कामयाबी में शैलेन्द्र और हसरत का महत्त्वपूर्ण योगदान

है। जहां हसरत के शब्दों ने रूमानियत की हरारत पैदा की, वहीं शैलेन्द्र ने ज़िंदगी के हर रंग की खूबसूरती की लज़्ज़त का बयान किया। शैलेन्द्र ने बिल्कुल सीधे-सादे और आम फिल्मों में प्रचलित शब्दों के जरिए खुद को हिन्दी सिनेमा के गीतों में फलसफे का बादशाह प्रमाणित किया। इस तरह की ग़ज़ब कारीगरी है शैलेन्द्र के गीतों में–कि डूबे बगैर कंकड़ पत्थर ही हाथ लगेंगे–'थम गया पानी जम गई काई / बहती नदिया ही साफ कहलाई'।

यही बहती नदिया हैं शैलेन्द्र। पाक-साफ। महानता के आडंबर से मुक्त। सृजन के अहंकार के उस पार। रचना की तमन्ना में लीन।

हिन्दी सिनेमा में दीवानों की जो विलक्षण परंपरा है उसकी बहुत मजबूत कड़ी हैं शैलेन्द्र। दीवानों की यह परम्परा अविराम है। कोई सहगल सुर के दर्द में डूब जाता है, कोई मीनाकुमारी मुहब्बत की तलाश में गर्क़ हो जाती है, कोई गुरुदत्त अलौकिकता के संधान के दुराग्रह का शिकार होता है, कोई शांताराम अपनी हिन्दुस्तानियत को आखिरी सांस तक बचाए अपने से दो पीढ़ी आगे तक के साथ रहनुमाई का हौसला रखता है। कोई मोतीलाल साहबियत को आईना दिखलाने के जुनून में शम्मअ की तरह पिघल-पिघल कर जीता है और कोई किशोर कुमार अपनी अज़ीबोगरीबियत का जाल बुनकर तिल तिल घुलता है। एक से बढ़कर एक अज़ीम किरदार हैं इस परम्परा के। ये तो बस चंद नमूने हैं। शैलेन्द्र ने उसी तन्मयता, महारत और फिल्मी शब्दावली के साथ हिन्दी सिनेमा में गीत लिखे जैसे आनन्द बख़्शी ने लिखे, प्यारेलाल संतोषी ने लिखे। आमतौर पर प्रत्यक्ष में शैलेन्द्र उस तरह फिल्मी गीतकारों से अलग नहीं दिखाई पड़ते, जिस तरह पं. प्रदीप या भरत व्यास या बड़ी हद तक कैफ़ी आज़मी और साहिर दिखलाई पड़ते हैं। न वे गहन गूढ़ शब्दों का प्रयोग करते हैं न खालिस हिन्दी, उर्दू की तरह ललकते हैं। न कवित्व प्रदर्शन का मौका तलाशते हैं। ठीक एक फिल्म गीतकार का चोला पहनकर वे गीतों को साहित्यिक गरिमा से प्रतिष्ठित कर देते हैं। वे जानते हैं–'अपने और पराए, ड्योढ़ी तक ही आए / बीच भंवर की नदिया, प्रीतम पार बुलाए / तेरे दरस की प्यासी दो अंखियां अकुलाईं / कैसे मनाऊं पिअवा, गुन मेरे एकउ नाहीं'।

तुलसी दास ने भी कहा था–कवित विवेक एक नहिं मोरे/सत्य कहहुं लिखि कागद कोरे।

हिन्दी कविता की चिरंतन परम्परा की एक लोकोन्मुख मधुर कड़ी हैं शैलेन्द्र। यह तो उनकी खुशनसीबी थी कि उनके गीतों को अभिव्यक्ति देने के लिए लता, मुकेश, रफी, मन्नाडे, आशा भोंसले, किशोर कुमार जैसे अलौकिक स्वर और शंकर जयकिशन, सलिल चौधरी, सचिन देव बर्मन, पं. रविशंकर, रोशन जैसे संगीतकार मिले, वर्ना उनकी कविता को पहचाने जाने में अभी न जाने कितने युग और लगते। यूं यह बात कई लोगों के द्वारा, कई मौकों पर कही जाने के कारण एक तरह से स्वीकृति प्राप्त कर चुकी है कि जो शैलेन्द्र सिनेमा में गाने न लिखते होते तो हिन्दी काव्य संसार उन्हें सिर माथे बिठाता। पर यह सदाशयता का ही सच है। स्वातंत्र्योत्तर हिन्दी कविता में प्रतिष्ठित

परम्परा में शैलेन्द्र कहीं नहीं अंटते। बहुत मुश्किल में तो भवानी प्रसाद मिश्र और केदारनाथ अग्रवाल प्रतिष्ठा मंच का स्वीकार अर्जित कर पाए–दशकों की उपेक्षा के बाद। फिर शैलेन्द्र, देह और भूख की गंध में भी मादकता का सृजन कर देने वाले, को यहां कौन पूछने वाला था। दरअसल सच यही है कि शैलेन्द्र वहीं हुए जहां उन्हें होना चाहिए था। सिनेमा से जुड़कर जिस तरह उनके गीत आम आदमी और प्रबुद्ध जनों तक पहुंच गए– साहित्य की दुनिया में वैसी जनप्रियता का तो प्रश्न ही नहीं उठता, बौद्धिक प्रतिष्ठा भी प्राप्त नहीं होती। खासतौर से उनके उग्र स्वभाव और रचनात्मक हेकड़ी के मद्देनज़र इनकी उपेक्षा ही अधिक मुमकिन थी। उनकी हेकड़ी सिनेमा में चली, साहित्यिक मठों में चलने वाली नहीं थी। हालांकि ऐसी हर हेकड़ी दफन करने के सैकड़ों साल बाद भी ज़िंदा होने को अभिशप्त है। बस, रचना ही तो अमर है।

हिन्दी सिनेमा में उनके जमाने के अनेक फिल्मकार उनके प्रति आकृष्ट हुए। वे राजकपूर के लिए बौद्धिक खुराक थे। ख़्वाज़ा अहमद अब्बास राजकपूर के लिए आदरणीय बुजुर्ग थे और शैलेन्द्र मित्र। वह दोस्त जो उनकी महिमामय हस्ती से आतंकित होना तो दूर, खुद उस हस्ती को उसकी औकात बतलाता रहता था। राजकपूर के 'मामूली आदमी की' शैलेन्द्र के गीतों के अभाव में कोई हस्ती ही नहीं है। 'श्री 420' में–'मेरा जूता है जापानी'–'दिल का हाल सुने दिलवाला'–'रमय्या वस्तावय्या' और 'प्यार हुआ इकरार हुआ'–के बगैर भोला-भाला राजू अपने पैरों खड़ा नहीं हो सकता था। 'दो बीघा जमीन' में बिमलराय–'धरती कहे पुकार के, बीज बिछा दे प्यार के'–'मौसम बीता जाए'–के अभाव में वेदना में मिठास कैसे घोल पाते ! सिर्फ यह नहीं है कि 'आवारा'–'दो बीघा जमीन'–'बूट पालिस'–'श्री 420'–'जागते रहो'–'गाइड'–'मधुमती'– 'आराधना'–'बंदिनी'–'तीसरी कसम' जैसी कालजयी फिल्मों में उन्होंने गीत लिखे, अपितु उनके गीतों ने उन फिल्मों की आंतरिक सुगंध को करोड़ों दिलों तक प्रसारित किया– 'मत खेल जल जायेगी, कहती है आग मेरे मन की / मैं बंदिनी पिया की मैं संगिनी हूं साजन की / मेरा खींचती है आंचल मनमीत तेरी हर पुकार / मेरे साजन हैं उस पार /मैं मन मार, हूं इस पार / ओ मेरे मांझी अबकी बार, ले चल पार, ले चल पार / मेरे साजन हैं उस पार'।

शैलेन्द्र हिन्दी सिने संसार में पानी में तेल की बूंद की तरह अपनी शख़्सियत बनाए रहे। तमाम सफलताओं के बीच यह कशमकश जारी रही–'ऐ प्यासे दिल बेजुबां, तुझको ले जाऊं कहां'–और इसी कशमकश ने उनसे 'तीसरी कसम' बनवाई और टिकिट खिड़की पर वह ढेर हुई तो इसलिए कि यह प्यासा बेजुबां दिल कारोबारी मामले समझने में सिरे से नाकामयाब रहा और दिल की धड़कनों की कीमत पर तिजारत नहीं कर सका। उसने बर्बाद होना कुबूल किया, अपने सपनों को बर्बाद नहीं होने दिया। अलविदा भी कहा तो दर्द में आनन्द घोलकर–ना कोई इस पार हमारा, ना कोई उस पार, सजनवा बैरी हो गये हमार।

शैलेन्द्र उस हसीन दौर की विरासत हैं जब हिन्दी सिनेमा में व्यावसायिक सफलता और कलात्मकता दो नितान्त विपरीत ध्रुव नहीं थे, जब दिलवाले न रोजगारियों के आगे

घुटनाटेक थे, न दिमागदारों के अहंकार से ग्रस्त और त्रस्त। जब कोई के. आसिफ इसलिए 'मुगल-ए-आजम' बनाने में ज़िंदगी के पंद्रह साल और समूची कुव्वत दांव पर नहीं लगा देता था कि वह बाज़ार लूट लेगा। यह के. आसिफ के लिए दीवानगी का मुकाम था। वह दीवानगी जो हिंदी सिनेमा के सुनहरे दौर के अनेकानेक लोगों में दिखलाई पड़ती है। वे भी बाजार की अवहेलना नहीं कर सकते थे। बाजार तब भी अपनी पूरी ताकत के साथ रचनात्मकता में हस्तक्षेप करने की सामर्थ्य रखता था। तब एक ओर बाजार के मुताबिक अपनी राह बनाने वाले लोग थे, तो वहीं दूसरी ओर वे भी थे जो बाजार को अपने सृजनात्मक आवेग के सौंदर्य से पराभूत कर उसे ही लूट लेने की क्षमता रखते थे। शायद वे जानते थे कि बाजार को कोई नहीं लूट सका, जिसको लूटा बाजार ने ही लूटा है। यह तो मुहब्बत की दीवानगी ही है जो बाजार को लूट लेती है, लुटवा देती है। वह बाजार से चमत्कृत नहीं होती, बाजार से आतंकित भी नहीं होती क्योंकि उसे अपनी बेखबरी में बाजार की औकात की पूरी खबर होती है।

सबने लगाई बोली, ललचाई हर नज़र
मैं तेरी हो चुकी हूं दुनिया है बेख़बर
ज़ालिम बड़े भोले हैं मेरे ये तलबगार!

न दिल तोड़ना दिल की दुनिया बसाकर

1953 में प्रदर्शित हुई 'अनारकली' अपने जमाने की एक बेहद लोकप्रिय फिल्म थी। यूं ये एक साधारण सी ऐतिहासिक फेन्टेसी थी जिसमें सलीम-अनारकली की लोककथा को प्रस्तुत किया गया था, पर इसके संगीत और बीनाराय के अभिनय ने इसे चिरस्मरणीय बना दिया। इस लोकश्रुति पर कई फिल्में बनीं। मूक युग से लेकर 1960 में 'मुगल-ए-आज़म' में इसे के. आसिफ ने उस ऊंचाई तक पहुंचा दिया जिसे लांघना आज तक किसी के लिए मुमकिन नहीं हुआ। अकबर के रूप में पृथ्वीराज कपूर, अनारकली की मुज़स्सम मूरत मधुबाला और सलीम की मग़रूर मुहब्बत की पहचान बन गए दिलीप कुमार ने इस प्रेमकथा को मानो अपने आखिरी मुकाम तक पहुंचा दिया। यह हर दृष्टि से एक नायाब फिल्म थी और अपार लोकप्रिय भी हुई थी। इसके मुकाबले 'अनारकली' कहीं नहीं ठहरती, लेकिन यह भी 'मुगल-ए-आज़म' से कम सफल नहीं हुई थी। ईमानदारी की बात तो ये है कि 'अनारकली' व्यावसायिक रूप से बेहतर उपलब्धि थी

और लोकप्रियता में भी उन्नीस नहीं थी। 'मुगल-ए-आज़म' को बनाने में पंद्रह साल और एक करोड़ रुपये लगे थे और 'अनारकली' आनन फ़ानन में इसके मुकाबले ना कुछ बजट में बना ली गई थी। चौथाई से भी कम लागत में। 'मुगल-ए-आज़म' में छोटी से छोटी भूमिका के लिए सरताज सितारे लिए गए थे और अनारकली में एक बीनाराय के अलावा कोई सितारा नहीं था। सिर्फ बीनाराय ही हैं एक–'अनारकली' में–जो 'मुगल-ए-आज़म' की मधुबाला के मुकाबले खड़ी हो सकती हैं। ग़रज़ ये कि कुछ न होते हुए भी अनारकली ने 'मुगल-ए-आज़म' से कम धूम नहीं मचाई।

इसका एकमात्र कारण 'अनारकली' का गीत-संगीत है। 'मुगल-ए-आज़म' का संगीत पक्ष भी कम उज्ज्वल नहीं है, लेकिन जो कशिश 'अनारकली' के गीतों में है वह एक 'प्यार किया तो डरना क्या' के अलावा दूसरी नहीं 'मुगल-ए-आज़म' में। 'अनारकली' में दस-बारह गाने थे और सब के सब–तब ही लोकप्रिय नहीं हुए थे–अब भी लोकप्रिय हैं। सुरीली कशिश से जब तक मुहब्बत बरकरार रहेगी तब तक ये गीत जवान रहने वाले हैं।

'अनारकली' के संगीतकार थे सी. रामचन्द्र और अधिकांश गीत लिखे थे राजेन्द्र कृष्ण ने। राजेन्द्र कृष्ण, सी. रामचन्द्र के प्रिय गीतकार थे। पर इस फिल्म के दो गीत शैलेन्द्र ने लिखे थे। 'आ जा, अब तो आजा, मेरी किस्मत के खरीदार अब तो आजा' और 'दुआ कर ग़म-ए-दिल, ख़ुदा से दुआ कर'।

शैलेन्द्र ने अधिकांश फिल्मों में हसरत जयपुरी के साथ गीत लिखे हैं, पर उन फिल्मों के अधिकांश गीतों में शैलेन्द्र और हसरत जयपुरी की पहचान साफ अलग दिखती है। बहुत कम गीतों को पहचानने में भ्रम होता है। जैसे–'दुनिया बनाने वाले क्या तेरे मन में समाई, काहे को दुनिया बनाई' हसरत की जगह शैलेन्द्र की रचना लगती है। पर 'अनारकली' में शैलेन्द्र के गीत राजेन्द्र कृष्ण के गीतों से बाह्य संरचना में तो कहीं राई रत्ती अलग नज़र नहीं आते। हां, बारीकी में जाएंगे तब ही अन्दाज़-ए-बयानी का अलग तेवर पकड़ पायेंगे। शैलेन्द्र की वह अपनी छाप जो उसने सिनेमा के गीतों पर लगाई, वो यहां भी अपनी 'अन्दाज़-ए-बयानी' के बारीक तेवर के साथ मौजूद है– दोनों गीतों में–'जो बिजली चमकती है उसके महल पर / वो कर लें तसल्ली मेरा घर जलाकर!'– अनारकली के अहंकार का चर्मोत्कर्ष इसके अलावा और क्या हो सकता है! मुहब्बत का अहंकार–खुदा की हस्ती होने का अहंकार–अपनी लघुता में संपूर्ण होने का अहंकार– कह रही है खुदा से कि तू मेरे शहंशाह के पापों का बदला मेरी हस्ती नेस्तनाबूद करके ले ले। वह सम्राट अकबर को चुनौती नहीं देती–वह उस खुदा को चुनौती देती है जिससे वह नाचीज़ शहंशाह मांगने की तरह मांगता है! हे भगवान, तू भी क्या और तेरी हस्ती भी क्या! तू भी जान लेने से जियादह और क्या कर सकता है ! उस जान को तो मैं मुहब्बत के सदके कब का न्यौछावर कर चुकी। अब उससे मुझे निस्बत ही क्या!

और इस गीत में अनारकली की अपने आशिक से ख़्वाहिश क्या है ये तो देखिए–

'न दिल तोड़ना, दिल की दुनिया बसाकर'। बस मेरी मुहब्बत को आबाद रखना, बुलन्द रखना–अपनी बर्बादियों का मुझे कुछ ग़म नहीं–तुमसे जुदा होकर मेरी भौतिक हस्ती का अस्तित्व ही क्या है। आनन्द ही क्या है। तुम से जुदा होकर चंद सांसें बचा कर मैं क्या कर लूंगी–सो सलामत रहे तू मेरी जान जाए–मुझे इस बहाने से ही मौत आए।

'आ जा, अब तो आजा' में भी शैलेन्द्र की निजता की अलग पहचान अपनी उसी बारीकी में मौजूद है। हालांकि इस गीत का दृश्यबंध गीतकार को थोड़ी भी गुंजाइश नहीं देता भावनाओं के विस्तार के लिए–पर शैलेन्द्र तब भी मौका तलाश ही लेते हैं– 'जालिम बड़े भोले हैं, मेरे ये तलबगार'–ये मुझसे अपनी भूख मिटाने के ख़्वाहिशमंद कितने नादान हैं। इतना भी नहीं जानते कि जो खुद भूखा है वह किसी की भूख क्या मिटायेगा। ये जिस जिस्म को पाने के लिए मतवाले हो रहे हैं, वह तो निष्प्राण है। उसका हंसा न जाने कब का उड़ चुका है–इसलिए कि वह तो कब का किसी और का हो चुका है, जिसकी खबर मेरे हुस्न के तलबगारों को नहीं है।

अनारकली का थीम सांग–'ये ज़िंदगी उसी की है जो किसी का हो गया, प्यार में ही खो गया'–राजेन्द्र कृष्ण ने लिखा था। सर्वाधिक लोकप्रियता इसी गीत ने पाई थी जो स्वाभाविक है। 'जिंदगी प्यार की दो-चार घड़ी होती है'–'मुहब्बत में ऐसे कदम लड़खड़ाए, जमाना ये समझा कि हम पीके आए'–आदि सभी गीत हिन्दी फिल्म संगीत की धरोहर हैं। राजेन्द्र कृष्ण के दस गीतों के बावजूद शैलेन्द्र के मात्र दो गीत अपनी पहचान बनाने में समर्थ हुए।

एक बात यह भी है कि शैलेन्द्र के अपने ही अन्य गीतों से 'अनारकली' के इन दोनों गीतों का तेवर एकदम जुदा है। इनमें शैलेन्द्र की निजता की पहचान बारीक पर्यवेक्षण से ही मुमकिन है। शैलेन्द्र के गीतकार की यही बड़ी शक्ति है कि वह जिस फिल्म के लिए गीत लिखता है उसके आंतरिक स्वरूप को अपने शब्दों के द्वारा दृढ़ता भी देता है और पात्रों के मनोभावों की सूक्ष्म व्याख्या भी करता है।

दिल का हाल सुने दिल वाला

ज्ञानियों के इस गुमान के सदके कि ग़रीब की ज़िंदगी में सिर्फ आंसू होते हैं। महान सम्पन्नताओं के ऐश्वर्य में आनन्द की गुंजाइश नहीं होती। वे ऊंचाइयां जो खजूर के पेड़ की तरह हैं कैसे पहचाने–मंज़र इक बुलन्दी पर और हम बना सकते / अर्श से इधर होता काश के मक़ां अपना।

शायद सम्पन्नता तो मिलजुलकर हंसने गाने का उत्साह ही छीन लेती है। महानता लघुता के सौन्दर्य को पहचान ही कहां पाती है। लघुता की ऊंचाई है–'श्री 420'। चिर नूतन।

बी.ए. की डिग्री और ईमानदारी का गोल्ड मेडल अपने फटे कोट की जेब में डाले बेरोजगार राजू मायानगरी बम्बई में अपनी किस्मत आजमाने आया है। जगह-जगह लुटता पिटता वह रात काटने के लिए फुटपाथ पर पहुंचता है तो वहां भी 'नो वेकेन्सी' है। पर आखिर गरीब को गरीब पहचान ही लेता है। यहीं मिल जाती है उसे मां की ममता की मूरत–'दिल वाली लेडी केलेवाली'। जिसने उसकी फटेहाली जानते हुए भी

और इस बात को भुला कर कि उधार कभी वसूल होगा या नहीं–उसे केले दे दिए थे। यह मान कर–कि, हम समझेगा हमारा बेटा खाया।

महालक्ष्मी मंदिर के सामने भीख मांगते बूढ़े भिखारी ने उसे 'ज्ञान' दिया था–ये बम्बई है मेरे भाई बम्बई। यहां ईमानदारी से जीने का रास्ता एक नहीं और बेईमानी के चार सौ बीस रास्ते हैं। और इस ज्ञान को अंगूठा दिखाया वही केले बेचने वाली उस दिलवाली लेडी केलेवाली ने कि रेगिस्तान में भी मुहब्बत का झरना तलाश किया जा सकता है। राजू उसकी मेहरबानी से सेठ सोनाचंद धर्मानन्द की कोठी के पीछे के फुटपाथ पर सोने की जगह पाता है और जो उसको लतया कर खदेड़ देने के लिए आतुर थे वही उसको मुहब्बत से कुबूल करते हैं। उस झोपड़पट्टी में रहने वाले तमाम लोग बेहद अभावों की ज़िंदगी जी रहे हैं लेकिन उनका दुख दर्द भी मस्ती में झूम उठने के लिए व्याकुल है। उन गरीबों के साथ एकसार होने के लिए राजू के वास्ते शैलेन्द्र लिखते हैं– दिल का हाल सुने दिलवाला।

आंसुओं के बीच भी जिंदगी का दिया जलता है। इस विरोधाभास को बड़े सहज भाव से कहता है कवि। भूख की वेदना को भी दुलारते हुए।

छोटे से घर में गरीब का बेटा
मैं भी हूं मां के नसीब का बेटा
रंज़-ओ-ग़म बचपन के साथी
आंसुओं में जली जीवन बाती
भूख ने है बड़े प्यार से पाला
दिल का हाल सुने दिलवाला।

कुल आठ साल हुए थे तब देश को आज़ाद हुए और उमंगों के सपने नेस्तनाबूद नहीं हुए थे–लेकिन जो विषवृक्ष आज लहरा रहा है उसको अंकुरित होते हुए कवि स्पष्ट रूप से देख रहा है। वह कह रहा है कि आज़ादी के नशे में डूबे हुए ग़ाफ़िलो, इसकी जड़ में लगे हुए कीड़ों को समय रहते पहचान लो वर्ना आगे चलकर सच्चाई और ईमानदारी की पहचान आला पोशाक, धन दौलत और भाई भतीजावाद के मानदंडों पर होने वाली है इस आज़ाद मुल्क में।

हाय, करूं क्या है सूरत ऐसी
गांठ के पूरे चोर के जैसी
चलता फिरता जान के एक दिन
बिन देखे पहचान के एक दिन
बांध के ले गया पोलिसवाला!
बूढ़े दरोगा ने चश्मे से देखा
आगे से देखा पीछे से देखा
ऊपर से देखा नीचे से देखा
बोला ये क्या कर बैठे घोटाला

हाय! ये क्या कर बैठे घोटाला
ये तो है थानेदार का साला !!

और तल्ख़ियों को मज़ाक की शक्ल में पेश करने से गूंज उठे कहकहों को वह तुरन्त आगाह करता है कि इतराओ नहीं–ये जो आज़ादी मिली है, इसको हकीकत में नुमायां तभी किया जा सकेगा, जब सामने खड़ी चुनौतियों को उठा सकोगे। यह बेईमानी और भ्रष्टाचार जो आज चुभ रहा है यदि इसे वक्त रहते दूर नहीं किया गया तो एक दिन नासूर बन जाएगा। ऐसी उपलब्धियों से क्या हासिल जो आंतरिक विकास को ही जकड़ लें।

गम से भी आज़ाद नहीं हूं
खुश हूं मगर आबाद नहीं हूं
मंज़िल मेरे आगे खड़ी है
पांव में लेकिन बेड़ी पड़ी है
टांग अड़ाता है दौलत वाला।
सुन लो मगर ये किसी से न कहना
तिनके का लेके सहारा न बहना
बिन मौसम मल्हार न गाना
आधी रात को मत चिल्लाना
वर्ना पकड़ लेगा पोलिस वाला।

बहुत सादगी से अद्भुत विपर्यय खड़ा करते हैं शैलेन्द्र। खुश हूं, मगर आबाद नहीं हूं। बर्बादी में भी खुश हूं मगर आबाद होने के लिए बेकरार हूं। कुछ भी कर गुजरना चाहता हूं। इसके आखिर में वे तुक मिलाते हैं दौलत वाले के टांग अड़ाने की। वह दौलत वाला–व्यक्ति नहीं है, विचार है। यह दौलत की हवस है जो इन्सान को आबाद नहीं होने देती। जो हजारों-हजार की कमाई पर कुंडली मारकर बैठ जाना चाहती है। उन महलों में अकेले प्रेतात्मा की तरह विचरण करना चाहती है जिसमें बेशुमार लोग सुख चैन से गुजर-बसर कर सकते हैं।

सेठ सोनाचंद धर्मानन्द तो दौलत की हवस का प्रत्यक्ष रूप है। यह हवस तो खुद उस राजू के भीतर भी है। उसकी फटेहाली के भीतर कहीं पीपलीनगर का राजकुमार छिपा बैठा है। यही हवस उसके पैर की बेड़ी है जो उसे सामने खड़ी मंज़िल तक नहीं पहुंचने देती। वह राजू जो सेठ साहब को पहली मुलाकात में ही पहचान गया था और बिल्कुल सीधे सीधे–कि जो मैं तुम्हारी नज़र में चार सौ बीस हूं, तब तुम आठ सौ चालीस हो–वही राजू इस हवस के जाल में फंसकर सेठ सोनाचंद धर्मानन्द का आसान शिकार हो जाता है।

पैरों में माया की बेड़ी पड़ी हो तो कोई विद्या तक कैसे पहुंचे ! कैसे पहचाने कि विद्या ही उसकी मंजिल है। इस वहशत की अंधाधुंध कमाई से कहीं सुकून मिला है। इतना लूटकर क्या करोगे ? सोने के बिस्कुट चबाओगे। या उस सोने के ढेर पर खुद ढेर हो जाओगे।

अपना घर फिर अपना घर है

राजकपूर की 'जिस देश में गंगा बहती है' सबसे पहले शैलेन्द्र की फिल्म है। इस फिल्म के नौ में से आठ गीत शैलेन्द्र ने लिखे थे। इसमें सिर्फ एक ही गीत हसरत जयपुरी के हिस्से आया था–'हो मैंने प्यार किया'। यही गीत फिल्म की संरचना से एकदम अलग-थलग भी है। पर यह बहुत लोकप्रिय हुआ था और बिनाका गीता माला की दृष्टि से तो सर्वाधिक लोकप्रिय हुआ था। 1961 की बिनाका गीत माला के वार्षिक कार्यक्रम में सर्वश्रेष्ठ 32 गीतों में 'जिस देश में गंगा बहती है' के सात गीत शामिल हुए थे और इन सात में से सबसे ऊंची पायदान पर 'हो मैंने प्यार किया' ही था। पर शैलेन्द्र के आठ में से सात गीत तो फिल्म की आधारभूमि हैं। उसकी कथात्मक संरचना की विकासयात्रा हैं। वे वस्तुतः कथा की आत्मा हैं। पात्रों के मनोभावों को प्रतिबिम्बित करने वाले दर्पण हैं।

शंकर जयकिशन के संगीत संयोजन में गीत के बोलों से आर्केस्ट्रा का महत्व कुछ कम नहीं रहा। पर इस फिल्म के शीर्षक गीत में विशेष रूप से शैलेन्द्र के शब्दों को

प्रतिध्वनित करने के अतिरिक्त संगीत की किसी स्वतंत्र इयत्ता का सृजन शंकर जयकिशन नहीं करते। लता मंगेशकर के स्वर में 'ओ बसंती पवन पागल' की कांपती अनुगूंज कयामत तक, कयामत बरपा करती रहेगी। 'मेरा नाम राजू घराना अनाम' की तो बात ही निराली है। एक निपट देहाती-भुच्च 'कविराज' का परिचय गीत है यह। वह कवि जो बिना फीस की पाठशाला में चार चौपड़ी तक विद्या पढ़ा है और कुम्भ के मेले में 'बिरमतीर' भी रह चुका है। ऐसा कवि अपनी भदेस भाखा में ही तो कविताई करेगा। इस गीत को शैलेन्द्र ने एक चुनौती की तरह अंज़ाम दिया है। जो शैलेन्द्र के शब्द न होते तो राजकपूर अपनी कितनी भी बेहतरीन अदाकारी के बावजूद उस असंभव सच्चे इन्सान को मूर्तिमान नहीं कर पाते, जो फिल्म का नायक है। बंदूक को 'दम्बूक' बोलनेवाला और डाकुओं के गिरोह को सदाचारी सुधारकों का जत्था समझ लेने वाला नायक हास्यास्पद बनकर रह जाता। बिल्कुल सहज अभिव्यक्ति जो सपाट होने की प्रतीति तक ले जाती है वहां भी शैलेन्द्र ज़िंदगी का फलसफा उड़ेलने से नहीं चूकते। सिर्फ शब्द ही सरल होते हैं–बात नहीं। नासमझी की ज़ुबान से वे बड़ी गहरी बात कहते हैं। वह भी इस तरह कि बड़ी मुश्किल में, बड़े दिनों बाद ही वह पकड़ में आए। मुहब्बत की चाशनी में पगी ज़िंदगी की सच्चाइयां बौद्धिकता के हत्थे आसानी से कहां चढ़ती हैं–ये इश्क़ नहीं आसां इतना ही समझ लीजे / इक आग का दरिया है और डूब के जाना है!

मेरा नाम राजू घराना अनाम
बहती है गंगा जहां मेरा धाम।
काम नए नित गीत बनाना
गीत बनाके जहां को सुनाना
कोई न मिले तो अकेले में गाना
कविराज कहे–
न ये राज रहे, न ये ताज रहे, न ये राजघराना
ढपली उठा आवाज मिला
गा मिल के मेरे संग प्रेम तराना। मेरा नाम राजू।।
धूल का इक बादल अलबेला
निकला हूं अपने सफ़र में अकेला
गुपचुप देखूं मैं दुनिया का मेला
काहे मान करे, अभिमान करे, मेहमान तुझे
इक दिन तो है जाना
ढपली उठा आवाज मिला
गा मिल के मेरे संग प्रेम तराना। मेरा नाम राजू।।

इस सादगी में बेमिसाल कारीगरी पोशीदा है। गीत बनकर दुनिया भर को सुनाता हूं और जो सुनने के लिए कोई न मिले तो कुछ पर्वाह नहीं, कोई गिला नहीं–अकेले

में गाता हूं। खुद ही कहता हूं, खुद ही सुनता हूं। अपनी समूची दुनिया आप हो जाता हूं। 'कोई न मिले तो अकेले में गाना' और 'गुपचुप देखूं मैं दुनिया का मेला' में ज़िंदगी की निस्सारता का अनुपमेय रूपक खड़ा कर दिया गया है, बगैर किसी चमत्कारिक कल्पना का आश्रय लिए–गंभीरता को सादगी बनाकर।

वहीदा रहमान ने कहा था कि गुरुदत्त को मृत्यु का आकर्षण था। निस्संदेह अंतर्मुखी गहराइयों को अभेद्य के संधान का प्रबल आकर्षण होता है। शैलेन्द्र के गीतों में यह आकर्षण मौजूद है। वे बार-बार कितनी ही जगहों पर आगाह करते हैं–'काहे मान करे, अभिमान करे, मेहमान तुझे इक दिन तो है जाना'–'वहां पैदल ही जाना है'–'फिर जाए जो उस पार कभी लौट के न आए'–'कोई क्या जाने कहां है सीमा'–वगैरह वगैरह।

लेकिन इस जाने के पहले एक समूची ज़िंदगी है जिसे कवि एक प्रेम तराने की तरह जी लेने का आह्वान करता है। एक अन्य गीत में तो इसकी साफ हिदायत है– 'प्यार कर ले नईं तो फांसी चढ़ जायेगा'–और ज़िंदगी की सार्थकता सिर्फ इतनी है कि– 'प्यार कर ले नईं तो यूं ही मर जायेगा'। अपनी खुद्दारी को विनम्रतापूर्वक जी लेने की क़शिश शैलेन्द्र के गीतों में जगह-जगह मौजूद है। सार्थकता में प्रतिष्ठित करते हुए इस अनुभूति को कि मुहब्बत ही ज़िंदगी को बड़प्पन देती है और आत्मसंतुष्टि का अहसास भी। जो हासिल हो किसी का अपनापन, किसी की धड़कनों में अपने लिए जगह, तो समूची दुनिया का सब कुछ मिलकर भी उसके बराबर नहीं।

'क्या हुआ ये मुझे क्या हुआ' भी 'हो मैंने प्यार किया' की तरह मूलधारा से न जुड़ने वाला गीत है। 'बेगानी शादी में अब्दुल्ला दीवाना' और 'हम भी हैं तुम भी हो दोनों हैं आमने-सामने' दो अन्य प्रभावकारी रचनाएं हैं। नफ़रत और मुहब्बत की जंग का रागात्मक रूपक ग्यारह मिनिट के विस्तृत दृश्यबंध में–'दोनों हैं आमने-सामने' गीत के द्वारा प्रस्तुत किया गया है। यह एक समूह गीत है और इसमें फिल्म के तमाम चरित्र एक साथ मौजूद हैं अपनी-अपनी भावनाओं को अभिव्यक्त करते हुए। अहंकारी शक्ति का प्रतीक 'राका' गीत का आरंभ करते हुए मानो उद्घोष करता है–'है आग हमारे सीने में हम आग से खेलते आते हैं/टकराते हैं जो इस ताकत से वो मिट्टी में मिल जाते हैं'–प्रेम की अनन्यता में विश्वास रखने वाले राजू का इस अहंकार को सीधा जवाब है–'तुमसे तो पतंगा अच्छा है जो हंसते हुए जल जाता है / वो प्यार में मिट तो जाता है, पर नाम अमर कर जाता है'। इस तरह मुहब्बत और नफ़रत दोनों की ताकतें आमने-सामने हैं। राका के साथ है उसकी प्रेमिका बिजली और राजू के साथ कम्मो। इनके अतिरिक्त डाकुओं का सरदार, अन्य डाकू, उनके बीवी-बच्चे और सहृदय भौजी भी इस नृत्य गीत में शरीक हैं। यह गीत सवाल-जवाब की शैली में लिखा गया है जिसमें नफ़रत के कुटिल सवालों का जवाब मुहब्बत की मिठास से दिया गया है। बिजली का सवाल है–'किस फूल पे मरती है दुनिया, है कौन सा फल सबसे मीठा ?' राजू का जवाब है–'ये दिल का कंवल सबसे सुन्दर, मेहनत का फल सबसे मीठा'। इस गीत के माध्यम से वस्तुतः फिल्म की समूची कथावस्तु का निरूपण कर दिया गया है। 1961 में ही 'ससुराल' फिल्म के लिए भी शैलेन्द्र ने एक ऐसा

ही गीत लिखा था–सवाल, जवाब की शैली में–'एक सवाल तुम करो, एक सवाल हम करें / हर सवाल का सवाल ही जवाब हो।' शैलेन्द्र ने फिल्मों की जरूरतों के मुताबिक कई-कई शैलियों में गीतों की रचना की।

इन सबके अतिरिक्त 'जिस देश में गंगा बहती है' में फिल्म को चरम परिणति तक ले जाने वाला अद्‌भुत गीत था–'आ अब लौट चलें / नैन बिछाए, बांहें पसारे, तुझको पुकारे देश तेरा!'

घृणा और लूटखसोट को तिलांजलि देकर लौटते हुए पथभ्रष्टों के लिए मुहब्बत का संदेश है–'लाख लुभाएं महल पराए, अपना घर फिर अपना घर है' यहां 'फिर' की तो क्या बात है–'हजार बार जमाना इधर से गुज़रा है / नई-नई सी है कुछ तेरी रहगुज़र फिर भी'–हजारहा कही गई बात कुछ इस तरह कह देना जैसे पहले कभी नहीं कही गई, इस तरह कहते हैं कि ग़ालिब का है अन्दाज़-ए-बयां और। यहां 'फिर' घर की अहमियत हजारों-हजार गुना कर देता है। यह अपना घर बड़ा विस्तार मांगता है।

तीव्र रागात्मक संवेग खड़ा कर देते हैं शैलेन्द्र–पलटकर सच्चाई और बलिदान की गाथा लिखने को बेताब भूले-भटके लोगों के कारवां के लिए। उनके लिए, जो भटके तो इसलिए कि सीधी राह नसीब नहीं हुई ज़िंदगी गुजारने के लिए। ताकतवर लोगों ने गरीब किसानों के हाथों से हल छीनकर बंदूक थमा दी। इसलिए इतरायें नहीं वे मेहरबां जिन्हें सधी हुई सुरक्षित ज़िंदगी मयस्सर हो गई। एक पल ज़िन्दा रहने की कोशिश में सौ-सौ बार मरना नहीं पड़ा। एक बार गिरोगे, तब ही पता चलेगा कि गिर के संभल पाना कितना दुश्वार होता है। आनंद के सागर में तरंगित–पाप बोध से मुक्त होने की पवित्र आकांक्षा का दिव्य अभियान-गीत है यह–

सहज है सीधी राह पे चलना
देख के मुश्किल बच के निकलना
कोई ये माने चाहे न माने
बहुत है मुश्किल गिर के संभलना
आ अब लौट चलें
नैन बिछाए, बांहें पसारे, तुझको पुकारे देश तेरा !

और इसके साथ जुड़ी हुई जो पुकार है–'आ जा रे, आ.. जा..रे..'–वह इस पवित्र कामना को दुलारती हुई ममत्व की पुकार है–अपने घर लौटने वालों को स्नेहामंत्रण देते हुए। जरा गौर कीजिए–आंखें बिछाकर दोनों बांहें फैलाए पुकार कौन रहा है?–अपना 'देस'! तो क्या वे अभी अपने देश से बाहर थे?

और इसका जवाब है कि हां, वे अपने देश से निर्वासित थे अब तक। वे अपने देश से क्या अपने आप तक से निर्वासित रहे हैं। वे उस देश से निर्वासित रहे हैं जिस देश में गंगा बहती है। वह गंगा जो प्यार, त्याग और बलिदान की मिसाल है। जो बड़े-बड़े पापियों के पाप धो देती है। क्या उसी देश में नफ़रत की खेती भी मुमकिन है?

मध्यान्तर से ठीक पहले जब डाकू समूह की करतूतें देखकर राजू सन्न है और चला

जा रहा है पुलिस स्टेशन की तरफ। वह तो उन्हें अमीर-गरीब बराबर करने वाला 'चोचलिस्ट' समझता था। वह छुब्ध है अपनी मूर्खता पर जो अपनी आंखों देखे लोगों को नहीं पहचान सका। उन्होंने बारात में बैंड बाजे वालों की जमात में शामिल होकर शादी की खुशियों में जहर घोल दिया। सद्यः विवाहिता को विधवा बना दिया। एक मासूम को मौत की नींद सुला दिया। इस आघात के सदमे में डूबा राजू चला जा रहा है और पीछे से शैलेन्द्र के शब्द गूंज रहे हैं–'ये लूट खसोट ये डाकाजनी / भाई की भाई से न बनी / ये धरती क्या कुछ सहती है / उस देश में ये भी होता है–जिस देश में गंगा बहती है / उस देश में ये 'क्यूं' होता है–जिस देश में गंगा बहती है!'

नहीं, उस देश में नफ़रत और हिंसा का बोलबाला नहीं हो सकता जिसकी पहचान पतितपावनी गंगा है–और जो ऐसा है तो फिर उस गंगा पर गुमान के मायने ही क्या? जो घृणा की फसल उगाए वह सब कुछ हो सकती है, गंगा नहीं हो सकती। गंगा तो जीवन का संदेश है। प्रेम की परिभाषा है।

सो लौट रहे हैं, उनकी निगाहें मंज़िल पर हैं। वे घृणा और हिंसा के बियाबान से वापस अपने मुहब्बत के देश लौट रहे हैं। जहां सबका कोई न कोई उन्हें मुहब्बत से पुकार रहा है। वे आज उस पुकार के कच्चे धागे की डोर से बंधे खिंचे चले जा रहे हैं। उस पुकार से अभिभूत हैं जिसे वे अब तक अनसुना करते रहे हैं। पर आज वही पुकार जब उन्होंने अपने दिल की अतल गहराइयों से सुन ली है, तब उन्हें अपने घर वापस लौटने से कोई नहीं रोक सकता। उन्हें नफरत की नदी से बाहर निकालकर, जो हाथ ले आए हैं उन्होंने उनकी ज़िंदगी का तार उनकी अपनी मुहब्बत की सीधी-सादी दुनिया से इस तरह जोड़ दिया है कि अब उनके लिए भटकना मुमकिन ही नहीं है। लालच और नफरत की दुनिया जो उन्होंने बसा ली थी, उसे अलविदा कह चुके हैं।

'जिस देश में गंगा बहती है' के पच्चीस साल बाद राजकपूर ने 1985 में 'राम तेरी गंगा मैली' का निर्माण किया। आजादी के बाद प्रगति की तेज रफ्तार ने उस गंगा को मैला कर दिया जो तन-मन पवित्र किया करती थी। वह पापियों के पाप धोते-धोते खुद ही मैली हो गई। यद्यपि 'राम तेरी गंगा मैली' ने व्यावसायिक सफलता के कीर्तिमान स्थापित किए, लेकिन पवित्रता के विध्वंस का वह रागात्मक संसार प्रतिध्वनित नहीं हो सका, जो राजकपूर की फिल्मों के गीतों की खास बात होती है। जाहिर है, राजकपूर विलक्षण सौंदर्यसृष्टि करने के बावजूद उस सुसम्बद्ध शब्द-योजना का संसार पुनर्सृजित नहीं कर सके। वह शैलेन्द्र के साथ ही विदा हो गया।

हर दिल जो प्यार करेगा वो गाना गाएगा

1956 में नर्गिस से अलग हो जाने के बाद राजकपूर के रचनात्मक जीवन में एक शून्य उभर कर खड़ा हो गया। उन्होंने 'जागते रहो' के बाद बच्चों की बचकानी फिल्म 'अब दिल्ली दूर नहीं' बनाई और फिर 'जिस देश में गंगा बहती है' में पद्मिनी में नर्गिस को ढूंढ़ने की कोशिश की, लेकिन पद्मिनी की जिस्मानी ऊष्मा वह उत्ताप पैदा नहीं कर सकी जो 'रसिक बलमा' की सुलगती कशिश पैदा कर देती थी और तब राजकपूर की नज़रें जा टिकीं वैजयन्ती माला पर।

वैजयन्ती माला तब दिलीप कुमार की सर्वाधिक प्रिय नायिका थी। 'देवदास' के साथ शुरू हुआ ये सफर 'मधुमती'–'नया दौर'–'पैगाम'–'गंगा जमना'–'लीडर' तक जारी था। शाश्वत प्रेम त्रिकोण को राजकपूर 'संगम' के जरिये नया रूप देने जा रहे थे। वे इसके दो नायकों में से एक के रूप में दिलीप कुमार को लेना चाहते थे। पर न यह

1948 का जमाना था और न राजकपूर, महबूब खान थे कि उनकी चाहत पूरी हो जाती। दिलीप कुमार तो 1955 के बाद ही हर सीमा रेखा लांघ चुके थे। खुद महबूब खान जिन्हें दिलीप बेहद प्रिय थे, ने भी 1975 में प्रदर्शित 'मदर इंडिया' में दिलीप को बिरजू की भूमिका निभाने के लिए रज़ामंद करने में असफल हो गए थे। इसलिए कि दिलीप कुमार पिता-पुत्र की दोहरी भूमिका में रहना चाहते थे, ताकि नायिका के मुकाबले फिल्म में उनकी उपस्थिति बौनी न रह जाए। शायद यह बात महबूब की रचनात्मक खुद्दारी को गवारा नहीं हुई और उन्होंने पिता-पुत्र की भूमिकाओं में तब के लगभग अपरिचित अभिनेताओं राजकुमार और सुनीलदत्त को लेकर 'मदर इंडिया' का निर्माण किया। 'मदर इंडिया' ने ही पहली बार इन दोनों अभिनेताओं की सामर्थ्य से हिन्दी सिनेमा को परिचित कराया और आगे चलकर दोनों ने अपार लोकप्रियता अर्जित की। अंततः राजकपूर को भी 'संगम' में गोपाल की भूमिका के लिए दिलीप कुमार की जगह राजेन्द्र कुमार को लेना पड़ा।

वैजयन्ती माला को 'संगम' के लिए राजी करने में राजकपूर को बहुत मशक़्क़त करनी पड़ी। इसलिए कि वे न तो इन्कार कर रही थीं और न इकरार। इस दुविधा से राजकपूर को बाहर निकालने में शैलेन्द्र ने मदद की। 'संगम' की नायिका का नाम राधा है। शैलेन्द्र ने अपनी आदत के मुताबिक आनन फानन में फिल्म के लिए एक गीत का मुखड़ा बना दिया - 'बोल राधा बोल संगम होगा कि नहीं?' राजकपूर ने अपने भोलेपन में उस्तादी घोलकर मद्रास में शूटिंग कर रहीं वैजयन्ती को टेलीग्राम भेज दिया जिसमें बस यही पंक्ति थी–'बोल राधा बोल, संगम होगा कि नहीं'। वैजयन्ती ने जो जवाब दिया, वह था–'होगा, होगा, होगा'। इस प्रसंग के समवेत समायोजन के द्वारा 'संगम' का यह गीत बना–'मेरे मन की गंगा और तेरे मन की जमुना का / बोल राधा बोल संगम होगा कि नहीं!' गीत के अंत में वैजयन्ती की आवाज़ में ये शब्द भी थे–'होगा, होगा, होगा!'

संगम में कुल सात गीत थे। इनमें चार शैलेन्द्र ने और तीन हसरत जयपुरी ने लिखे थे। इनके अतिरिक्त एक गीत अंग्रेजी में था। 'ये मेरा प्रेम पत्र पढ़कर'–'ओ महबूबा' और 'बुड्ढ़ा मिल गया' हसरत की रचनाएं थीं और 'बोल राधा बोल'–'ओ मेरे सनम'–'दोस्त दोस्त न रहा' और 'हर दिल जो प्यार करेगा' शैलेन्द्र की। 'संगम' का हर गीत जनप्रिय हुआ। इसके गीत-संगीत की देश विदेश में धूम मच गई। 'ये मेरा प्रेम पत्र पढ़कर'–'बोल राधा बोल'–'दोस्त दोस्त न रहा' और 'बुड्ढा मिल गया' सर्वाधिक लोकप्रिय हुए। पर फिल्म के कथानक के मद्देनजर सबसे महत्त्वपूर्ण गीत था–'हर दिल जो प्यार करेगा वो गाना गाएगा / दीवाना सैकड़ों में पहचाना जाएगा...दीवाना'। इस गीत को फिल्म के तीनों केन्द्रीय चरित्रों पर फिल्माया गया था। मुकेश, लता और महेन्द्र कपूर ने इस गीत में स्वर दिए थे।

राजकपूर को गीतों के अप्रितम फिल्मांकन में महारत हासिल थी। आज के सफलतम निर्देशक सूरज बड़जात्या, आदित्य चोपड़ा और करन जौहर राजकपूर की इस

पच्चीकारी के दिलोजान से मुरीद हैं। इस गीत के द्वारा राजकपूर 'संगम' की संक्षेपिका प्रस्तुत कर देते हैं। तीनों केन्द्रीय चरित्रों की व्याख्या और कथा का मूल तत्त्व शैलेन्द्र ने इस गीत में प्रस्तुत कर दिया है।

बार-एट-लॉ की पढ़ाई पूरी कर लंदन से गोपाल के स्वदेश लौटने पर दी गई भव्य पार्टी में यह गीत होता है। साढ़े चार मिनट के इस गीत के लिए राजकपूर ने तीस मिनट का दृश्यबंध रचा। भव्य पार्टियों का चित्रांकन हिन्दी सिनेमा में आम बात है। इनमें गीतों का फिल्मांकन भी आम तौर पर किया ही जाता है। इस दृष्टि से देखें तो सिचुएशन की तरह इसमें कुछ भी नया नहीं है। यूं 'संगम' की कथावस्तु में ही सब कुछ वही है जो हिन्दी सिनेमा में बारंबार दोहराया गया है। प्रेम त्रिकोण पर 1964 तक भी बेशुमार फिल्में बन चुकी थीं। पर आज जब हम इक्कीसवीं सदी के प्रवेश द्वार पर खड़े होकर बीती शताब्दी का जायजा लेते हैं तो प्रेम त्रिकोण पर आधारित 'अंदाज' और 'संगम' ही तुरंत हमारे सामने हाजिर होती हैं।

राजकपूर ने यह दृश्यबंध इस तरह रचा कि यह फिल्म की समूची कथा कह देता है। शैलेन्द्र ने पात्रों के मनोविज्ञान को बिल्कुल सरल शब्दों और सुपरिचित प्रतीकों के माध्यम से इस गीत में प्रस्तुत किया कि उसने चरम संघर्ष का दर्शक को पूर्वाभास भी दिया और प्रेमकथा के विभ्रमों को पहचानकर पचाने की सामर्थ्य भी।

राधा गोपाल से प्रेम करती है और सुंदर राधा से। सुंदर ही नहीं, गोपाल भी राधा से प्रेम करता है। पर सुंदर वाचाल है और गोपाल आत्मकेन्द्रित। गोपाल अपने प्रेम को अभिव्यक्त नहीं करता और सुंदर ढिंढोरा पीटने का कोई अवसर नहीं चूकता। राधा संकोच के कारण सुंदर से सीधे-सीधे नहीं कह पाती कि वह उससे प्रेम नहीं करती, वरन् गोपाल से प्रेम करती है जिसे सुंदर अपना सबसे अज़ीज़ दोस्त मानता है। तीनों बचपन के दोस्त हैं। राधा और गोपाल अमीर हैं और सुंदर गरीब। राधा बचपन से यौवन तक हर बार अपने आचरण से यही जाहिर करती है कि उसका सुंदर से प्रेम करने का कोई सवाल ही नहीं उठता।

लेकिन कहते हैं कि प्रेम अंधा होता है। सुंदर सब कुछ जानकर भी जैसे कुछ समझना नहीं चाहता। सब कुछ देखकर भी वह अनजान है। वह अपने भ्रम के आगे सच को पहचानना ही नहीं चाहता। इस भ्रम को दर्शक के भीतर सच्चाई की तरह उतार देने में इस दृश्य की बहुत महत्त्वपूर्ण भूमिका है और इतना ही महत्त्वपूर्ण है यह गीत जो तीनों पात्रों के मनोविन्यास की बारीकियों को सहज तरलता में उद्घाटित कर देता है।

राधा गोपाल से अपने प्रेम की अभिव्यक्ति का मौका तलाश रही है। सुंदर गले में पिआनो अकार्डियन लटकाए अपनी मुहब्बत का इज़हार गा-बजा कर करने के लिए बेताब है। सुंदर को तो इस बात का भी कोई फर्क नहीं पड़ता कि लोग और खुद राधा का पिता उसकी गरीबी का उपहास कर रहे हैं। दीवानों की यही तो मुश्किल है। वह जल मरने को आमादा बेख़ौफ़ परवाना अपनी मुहब्बत के जुनून से महफिल में रंग जमाने के लिए कुछ इस तरह मानो ऐलान कर रहा है–'हर दिल जो प्यार करेगा वो गाना

गाएगा' और उसकी कशिश के इस अधूरे बयान को पूरा करता है गोपाल–'दीवाना सैकड़ों में पहचाना जाएगा'।

इस अंदाज़-ए-बयां की धूम मच जाती है। सुंदर साफ-साफ कह रहा है–आप अपने दिल को चुराकर आंख चुराए जाते हैं / ये इकतरफा रस्मे वफा हम फिर भी निभाए जाते हैं / चाहत का दस्तूर है लेकिन आपको ही मालूम नहीं / जिस महफिल में शमां हो परवाना जाएगा!

राधा का तो इस पर ध्यान ही नहीं है कि सुंदर क्या कह रहा है। उसका क्या इशारा है। उसे तो इस गीत के बहाने गोपाल से अपने प्रेम के बयान का एक खूबसूरत तरीका मिल गया है! सुंदर उसकी तरफ मुखातिब है और वह गोपाल की तरफ! दोनों अपने-अपने ख़्वाबों में मदमस्त हैं। पर राधा तो अपने गोपाल से कहती है–'रात बिरात चली आती है नींद चुराने नैनन की / अब कह दूंगी करते करते कितने सावन बीत गए / जाने कब इन आंखों का शरमाना जाएगा'।

और जब राधा गोपाल को लक्ष्य कर कहती है–दीवाना, तो सुन्दर इसे अपनी तरफ इशारा समझ कर झूम उठता है। गोपाल इन दोनों की दीवानगी पर अपना दर्द छिपाकर एक समझदार मुस्कुराहट के साथ अपनी हकीकत बयान करता है–'अपनी-अपनी सबने कह ली लेकिन हम चुपचाप रहे / दर्द पराया जिसको प्यारा वो क्या अपनी बात कहे / खामोशी का ये अफसाना रह जाएगा बाद मेरे / अपनाके हर किसी को बेगाना जाएगा!'

फिल्म का चरम बिन्दु यहीं प्रत्यक्ष है। अपनाके हर किसी को बेगाना जाएगा। इस प्रेम त्रिकोण में कौन कुर्बानी देगा आरम्भ में ही स्पष्ट है।

वह दरार भी यहीं साफ है जो मुहब्बत और दोस्ती के दर्मियां तनाव का सूत्र बनने वाली है। गोपाल के साथ राधा को नाचते हुए देखकर सुंदर के चेहरे के भावों का स्वरों के साथ समायोजन बगैर एक शब्द कहे संपूर्ण तनाव का रेशा-रेशा इस तरह बिखेर देता है कि दृश्यबंध एक ऑपेरा की तरह संपूर्ण होता है।

पिंजरे वाली मुनिया का आनन्द लोक

...कहीं न कहीं कुछ है जरूर, जो छूट गया है–जिससे मुखातिब होने की कशिश बरकरार है और तलाश क्या है, सो कुछ पता नहीं।

लेकिन कुछ है जिससे पर्दादारी कायम है–कोई मुज़स्सम खूबसूरती है जो नुमायां होना बकाया है।

मुड़-मुड़कर क्या देखते हो ? जाय बसे परदेस सजनवा सौतन के भरमाए–खाओ कसम अब फिर कभी...।

चलो खत्म हुआ किस्सा–पर एक और किस्से की शुरुआत बनकर–दर्द के नए अफ़साने की तामीर की बुनियाद बनकर वर्ना बैलों पर चाबुक फटकारने के लिए हीरामन का उठा हुआ हाथ, उठा ही क्यों रह जाता? किसने बांध लिए हीरामन के हाथ? ये दर्द बनकर क्यों महक रही है फिर कोई आवाज–मारो मत!

ये हीराबाई की आवाज तो हो नहीं सकती। वह तो उसकी आंखों के सामने

दैत्याकार एंजिनवाली भापगाड़ी में बैठकर दूर देस जाने के लिए बिला गई है।

लेकिन फिर ये आवाज?

तो क्या खुद उसी के भीतर मुकाम करती है हीराबाई ? रहते-रहते दिल में तेरा दर्द भी दिल हो गया।

'तीसरी कसम' का चरमबिन्दु नए ज़ख़्म का बीज है। हर पराजय के बाद एक नई तलाश–फिर-फिर पराजित होने के लिए, या जीतने और जीतते चले जाने के लिए–सो मालूम नहीं।

सो मुड़-मुड़ कर क्या देखते हो। अपनी राह चलो। मुहब्बत के ज़ख़्म की ये तड़प जिंदगी भर की अमानत है। चलो इस एक और ज़ख़्म के साथ, एक और नए सफ़र का आगाज़ हो।

फिर तृप्ति कहां है? मुक्ति की आकांक्षा के स्वप्न तक के लिए आंखों में जगह कहां है? वे तो पिंजरे वाली मुनिया के आनन्द लोक में डूबी हुई हैं। वह आनन्दलोक जिसमें जीवन के सब रस जा समाए हैं।

हमने पिछले पैंतीस वर्षों में कितने ही बार अलग-अलग मानमिज़ाज़ के लोगों के साथ जिनमें फिल्म के हीरामन राजकपूर भी शामिल हैं और एकदम अकेले भी–'तीसरी कसम' देखी है–पर यह अहसास कभी नहीं बदला कि अवलोकन के उस पार अब भी कुछ है। क्यों न हो, बड़े नाज़ों की पाली, लाली-लाली डोलिया में बैठी लाली दुलहनियां जो ठहरी।

'तीसरी कसम' की प्रत्येक पुनरावृत्ति प्यास को प्रदीप्त करती है। अनुभूति के उच्छ्वास की मादक शीतलता काल से कहां छली गई है। बार-बार अनछुई कली की तरह सम्मोहित करने वाली 'तीसरी कसम' सेल्युलाइड पर लिखी गई कविता है–एक नन्हीं सी नाजुक मिज़ाज़ कविता–तब भी जांबाज़ और जज़्बातों की अतल गहराइयों में तलवार की तरह तुर्श धारदार। जिसका नाच महज़ आठ आने फेंक कर कोई भी देख सकता है–फिकरे उछाल सकता है–रंडी और पतुरिया कहकर अपनी कुत्सा का प्रदर्शन कर सकता है–उसे वह अभागा हीरामन अपनी टप्परगाड़ी में इस तरह ज़माने की निगाहों से छिपाकर मेले में लाता है जैसे किसी ने देख लिया तो नज़र लग जायेगी। जो ज़माने की निगाहों में हवस की कालिख बनकर रंडी है–वह उसके लिए 'बिदागी' है–मैं तुमसे इतना अलग हूं / तुम्हारी प्रेरणाओं से मेरी प्रेरणाएं इतनी भिन्न हैं / कि जो तुम्हारे लिए विष है / वही मेरे लिए अन्न है।

पहली नज़र का इश्क। पहली बंदगी। ज़िंदगी भर की गुलामी। जीती जागती परी है हीराबाई। दुनिया की मुकम्मल खूबसूरती की मूरत। जिसे पाकर कुछ और पाने की हसरत भी शर्मिन्दगी है। सब कुछ खुदा से मांग लिया तुझको मांग कर।

और उसने तो मांगा भी नहीं। ऐसी उसकी औकात भी नहीं है। मांगना तो बादशाहों का नसीब है। उसे तो छप्पर फाड़कर मिला है। आसमान से ही तो टपकी है हीराबाई उसकी टप्परगाड़ी में। अंधेरी रात–बियाबान जंगल–सुनसान रास्ता और

उसकी टप्परगाड़ी रह-रहकर महक उठती है। उसे देनेवाले ने जो दिया है–वह तमन्ना के आगोश में भी न अंट पाने वाला खुशी का खजाना है–भला उसके अंजुरी भर आसमान में कैसे समाए। कहीं कोई डाकिन पिशाचिन तो नहीं। रूप धर लिया हो परी का।

और जो देखा तो भर नज़र देख भी नहीं सका। इतनी तेज चमक आंखों में कहां समाए। अरे बाप रे, ई तो परी है परी!

उसके नसीब और हीराबाई!! दलाल ने क्या गलत कहा था–रहना झोपड़े में और ख़्वाब देखना महलों के। लेकिन ऐसे अनदेखे अनचाहे ख़्वाब की तरह जो हक़ीकत आसमां से जमीं पर उतर आए तो क्या करें।

और उस हक़ीक़त का ही ऐसा मुकद्दर कहां कि हीरामन की हो सके–जिसके सिवा कभी किसी का हो जाने का ख़्वाब तक दिल की राह से होकर नहीं गुजरा–और जिसके सिवा और किसी की कभी हो ही नहीं सकती। वो मुझको चाहती है और मुझ तक आ नहीं सकती / मैं उसको पूजता हूं और उसको पा नहीं सकता / हदें वो खेंच रक्खी हैं हरम के पासवानों ने / कि बिन मुजरिम बने पैगाम भी पहुंचा नहीं सकता।

कोई हीराबाई पर कीचड़ उछाले, वह बर्दाश्त नहीं कर सकता और वह किसी को रोक भी नहीं सकता। कोई रंडी कहे, कुछ भी कहे–उससे क्या! हीरामन का रिश्ता ही क्या है हीराबाई से। खुद ही तो कहा था हीराबाई ने और क्या कुछ कहना चाहते हुए, कुछ भी कह सका था हीरामन? क्या कहता? कैसा रिश्ता?

वे–हीराबाई और हीरामन–जो कभी किसी और के, हो ही नहीं सकेंगे। वे ही एक दूसरे के नहीं हो सकते।

नहीं, जमाना और रीतिरिवाज ही रास्ते के रोड़े नहीं हैं। वह जमींदार की हवस से जूझ सकती है लेकिन हीरामन के सपने से नहीं। जिसके मन में देवी हो, उसके घर में बाई कैसे बैठ सकती है। अपनी हक़ीक़त ही अपना बैरी है। हर सपना झुलसा देती है–जीवन के पथ पर 'मीता' से मिलाती है–मिला के सपने जगाती है–और सपने जगाकर जुदा कर देती है। बनाने वाले ये कैसी दुनिया बनाई है तूने!

भले हर सपना होता ही टूट जाने के लिए हो तो ज़िंदगी भी एक दीवाने ख़्वाब के सिवा और क्या है भला ! पानी केरा बुदबुदा। लेकिन इसका ये मतलब तो न हुआ कि आंखों में सपने ही न सजें। एक भी ख़्वाब न हों जिनमें वो आंखें क्या हैं / एक न एक ख़्वाब तो आंखों में सजाओ यारो।

उनका बिछुड़ना अनंत मिलन है। हर मिलना बिछुड़ने के लिए अभिशप्त है। हर फूल मुरझाने के लिए खिलता है, लेकिन फूल खिलने का मातम तो नहीं मनाया जाता। अंत आरंभ की पूर्णता है। जीवन मृत्यु में सार्थक होता है। वियोग मिलन की संपूर्णता है। डूब गए हम बीच भंवर में कर के सोला पार।

आनंद लक्ष्य प्राप्ति में नहीं, लक्ष्यसंधान के मार्ग के संघर्ष के सौन्दर्य में है। प्राप्ति तो अहंकार की गरिमा से प्रज्ज्वलित हाहाकार है। खोने पाने की जोड़बाकी में आनन्द कहां ? यहां पाना क्या और खोना क्या ! यहां तो पाना भी खोना है। लड़कपन खेल

में, जवानी नींद में और बुढ़ापा रोने में। सब खोना ही खोना है।

यह बड़ा अज़ीबोग़रीब किस्सा है। रहती दुनिया से कायम है। तब भी यही बार-बार दोहराया जाता है। जानते बूझते हुए। हजार बार जमाना इधर से गुजरा है / नई-नई सी है कुछ तेरी रहगुज़र फिर भी!

ऐसी चिरंतन प्रेमकथा है हीराबाई और हीरामन की जिसका कोई आदि-अंत नहीं। कुछ पाना कुछ खोना नहीं। जो रोशनी जैसी उज्ज्वल, धारा की तरह निर्मल और गंध मानिन्द अभेद्य है।

कहां है फ़र्क़ तुम भी हीरा, मैं भी हीरा!

इस्स!!

शब्द नहीं हैं हीरामन के पास–समर्थन या प्रतिवाद के लिए। उसकी दुनिया की तरह उसका शब्द संसार भी अत्यन्त संक्षिप्त है। कानपुर और नागपुर जैसे शहरों के नाम उसके लिए मनोविनोद के शब्द हैं। ये भी कोई जगहों के नाम हुए–कानपुर, नाकपुर... जा रे जमाना–तेरी धज ही निराली है। खास तौर पर खास मौकों पर ही शब्द उसे अक्सर धोखा दे जाते हैं। तब भी, जो गज भर की जुबान बयां नहीं कर पाती, वहां एक झुकी नज़र कमाल करती है। ककड़ी की तरह ऐंठी गर्दनों का ऐसा नसीब कहां जो जान सकें कि दीवानगी में कुर्बान होकर ही सनम का दीदार हासिल है। दिल के आईने में जो रहती है तस्वीर-ए-यार, वह गर्दन झुकाकर ही देखी जा सकती है। अहंकार विमुक्ति के बगैर सनम का दीदार कहां!

इस्स!!

बस यही हीरामन की अभिव्यक्ति की पराकाष्ठा है। जैसे रामचरित मानस में तुलसी बाबा बार-बार कह उठते हैं कि यहां वाणी असमर्थ है। शब्द चुक गए हैं। सीता के रूप का बखान शब्दों की सामर्थ्य से परे है। वैसे ही हीरामन बार-बार हीराबाई के आगे हारता है। शब्द उसका साथ नहीं देते। उस बेचारे के पास तो रक्षा करने के लिए तीन देव भी नहीं हैं। हारे को हरिनाम है। एक भरोसो, एक बल, एक आस-विश्वास।

इस्स!!

'इस्स!!'–बस यही एक शब्द है हीरामन के पास–संकटमोचक। अपनी लघुता में संपूर्ण होने के लिए। अपनी असमर्थता में विलीन होकर पार उतरने के लिए। सो आश्चर्य नहीं कि इसके मौन सौंदर्य से तमाम प्रश्न अनुत्तरित रहकर भी अर्थ पा जाते हैं। यहां सामर्थ्य असहाय है।

भला वह ऐसा हुनरमंद कहां–हिम्मत और कुव्वत का धनी भी नहीं जो कुछ कह सके इसके आगे–कि मैं भी हीरा, तुम भी हीरा। अब बतलाओ कि कहां है फर्क ?

हां करे तो कैसे, ना करे तो क्यूंकर। नजर मिलाना वाज़िब नहीं और नज़र चुराना जानता नहीं। सो एक ही राह है, नज़र झुका ली। जो तुम कह रहे हो वह संप्रेषणीयता की पराकाष्ठा है। एक ही शब्द का कितना अर्थविस्तार हो सकता है। एक ही शब्द कितनी लज्जा ढंक लेता है।

तन्मयता और समर्पण का आनन्दलोक है–'तीसरी कसम'। हीराबाई के अतिरिक्त और किसी का हो सकने का अहसास तक नहीं है हीरामन के पास। हीराबाई जो लैला का पार्ट अदा कर सकती है, खुद लैला हो नहीं सकती। पर हीरामन के लिए तो वह सत्य, शिव और सौन्दर्य की पराकाष्ठा है–उसके मनस्संसार का दर्पण।

हीराबाई को बांधने के लिए कोई रिश्ता नहीं है हीरामन के पास। कैद करने के लिए कोई ऐशबाग का पिंजरा नहीं। वह तो खुद ही हीराबाई के तिलिस्म में गिरफ्तार है। ऐसा सुकोमल स्वप्न है कि हल्की सी छुअन से बिखर जाए। सांसों तक पर पहरा है। नहीं, वह हीराबाई को हासिल नहीं करना चाहता। वह तो खुद गुम हो गया है। वह हीराबाई को हासिल हो गया है। वह तो उसका मीता है। सो कहां है फ़र्क़–दोनों हीरा जो हैं–और हीराबाई कहती है जब नाम एक हों, तब भइया नहीं मीता कहते हैं।

मुहब्बत की यही अविभाज्य थरथराहट–'तीसरी कसम' के चर्मोत्कर्ष में हीराबाई और हीरामन को व्यक्तित्वों की निजता से उठाकर एक काव्यात्मक अनुभूति की तरह रच देती है। सिर्फ बिम्ब में प्रत्यक्ष।

एक प्रतिसंसार है 'तीसरी कसम'–किसी भी जमाने की हवस से निरपेक्ष। जहां हराम की छोड़े हलाल की खाए वाली चिरन्तन बेवकूफी ही वरेण्य है। जहां बेईमान चूपड़ी से मशक्कत की सूखी खुशनसीबी है। हीरामन के संगी साथी भी उसकी इस बेवकूफी से इत्तफ़ाक नहीं रखते। पर हीरामन को अपने अन्तर्यामी की पुकार ही उपास्य है।

इसलिए 'तीसरी कसम' हमारे नजदीक सबसे पहले शैलेन्द्र की फिल्म है–कवि शैलेन्द्र की। यद्यपि वे इसके सिर्फ निर्माता हैं–निर्देशक हैं बासु भट्टाचार्य–और कोई भी फिल्म अपनी रचनात्मकता में निर्देशक की दृष्टि में ही समेकित होती है। पर 'तीसरी कसम' आदि से अंत तक वह तरल काव्यात्मक प्रवाह बनाए रखती है जो बासु भट्टाचार्य की संपूर्ण रचनायात्रा में सर्वथा अनुपस्थित है। 'तीसरी कसम' बासु की पहली निर्देशित फिल्म है। वह तार्किकता और रिश्तों की विसंगतियों की यथार्थ कटुता का टकराव जो बासु की तमाम फिल्मों की खास बात है। 'तीसरी कसम' में एकबारगी नदारद है। बाहर तो यहां जैसे कुछ घटता ही नहीं। हीराबाई क्या है, कैसी है–इससे जैसे हीरामन को कुछ ताल्लुक ही नहीं। दुनिया की नजर में होगी वह रंडी, उसकी नजर में ऐसे मुंहझौंसों के लिए धिक्कार है। हीराबाई उसके भीतर की सिया सुकुमारी की प्रतीति है। वह जो खुदाई का जलवा बनकर हस्ती पर छा जाती है–उसे रंडी कहते हो! उस नूर को जिस्म के परनाले में खदबदाने वाले कीड़ों की हसरतें किस तरह देख पायें। वे आंखें कहां हैं जो पहचान सकें–मंज़ूर थी ये शक्ल तजल्ली को नूर की / किस्मत खुली तेरे क़द-ओ- रूख़ से जुहूर की।

जा रे जमाना, दुनिया तो दुनिया खुद हीराबाई कहे तो भी वह मानने को तैयार नहीं। इसी बात पर तो रूठ गया था हीरामन। सो खुद हीराबाई को उसे किस-किस तरह से तो मनाना पड़ा था। क्या जो सचमुच कोई रिश्ता हो तो उसे बताया जा सकता है?

समर्पण की पराकाष्ठा के काव्यात्मक उन्मेष के लिए बासु भट्टाचार्य की फिल्म निर्मिति में कोई खास जगह नहीं है। इसके प्रति आकर्षण का तो प्रश्न ही नहीं उठता। अनुभूति जाज्वल्यता में दारुण वेदना का समाहार जब वर्तमान साहित्य तक में समादृत नहीं फिर फिल्म जैसे सपनीले और व्यावसायिक बेड़ियों से जकड़े अभिव्यक्ति के माध्यम की तो बात ही क्या। सो 'तीसरी कसम' जो निरपेक्ष संसार रचती है–जिसमें तमाम सापेक्ष विडम्बनाओं को गर्क कर देने की क्षमता है–यह बासु नहीं शैलेन्द्र का मनोराग है।

'तीसरी कसम' जैसी फिल्म की निर्माण कल्पना तक बेवकूफ़ी कहलायेगी। खासतौर पर जब वह किसी निर्माता की पहली फिल्म हो और वह अपनी ज़िंदगी भर की मशक्कत की कमाई की जमापूंजी उसमें झोंकने जा रहा हो। सो यह तो कविराज के दिल-ओ-दिमाग को दंश मारने वाले किसी कीड़े की ही कारगुजारी है। जिसने राजकपूर और वहीदा रहमान की स्थापित छवियों को ही हीरामन और हीराबाई की निजता का जामा पहना दिया। इतना ही नहीं उस निजता को भी एक अनुभूति में तब्दील कर दिया। चित्र से चित्र की विलुप्ति का निरपेक्ष सौन्दर्य। जिसकी संप्राप्ति के लिए कुमार साहनी जैसे कठोर यथार्थवादी संप्रेषणीयता को संपूर्णता में ठुकराकर भी तरसते हैं। वह जो नए सिनेमा के लिए आकाशकुसुम बना रहा वह शैलेन्द्र को पहली और एकमेव निर्मित में ही सहज उपलब्ध हुआ।

कोई ग़ज़ब नहीं हुआ कि मुहब्बत के मुकाबले में बाजी मार लेने के बावजूद शैलेन्द्र ने तिज़ारत की दुनिया में मुंह की खाई। कोई जो ये समझे कि शैलेन्द्र ने 'तीसरी कसम' टिकिट खिड़की पर झंडे गाड़ देने की खातिर बनाई थी तो ऐसी बुद्धिमत्ता का शांतिपाठ ही मुनासिब है। पर यह भी अपनी जगह उतना ही बड़ा झूठ है कि दर्शकों ने इसे एक सिरे से नकार दिया। हकीकत ये है कि शैलेन्द्र इसके रोजगार में असफल हो गए। व्यवसाय तंत्र के बीच से वे राह नहीं बना सके। दरअसल, 'तीसरी कसम' सही तरीके से दर्शकों तक पहुंच ही नहीं सकी। इसे एक बड़ी और महत्त्वपूर्ण फिल्म की तरह प्रदर्शित ही नहीं किया जा सका, जबकि इसमें ऐसी सभी शक्तियां मौजूद थीं। नामजद सितारे थे और सबसे बढ़कर ये कि इसका संगीत फिल्म प्रदर्शित होने के पहले ही अत्यन्त लोकप्रिय हो चुका था। यदि इसे सही तरीके से प्रदर्शित किया जा सका होता तो इसकी घनघोर असफलता का कोई कारण ही नहीं था। जिन्हें असफल फिल्में कहा जाता है वे भी सही व्यावसायिक गणित के इस्तेमाल से अपनी पूंजी निकाल ही लेती हैं। पर बाजार की चालाकियों के आगे कविराज गच्चा खा गए। अपनों की ही बेवफाइयों ने उनको आत्मनाश की राह पर धकेल दिया। शैलेन्द्र के लिए यह आर्थिक से बहुत बढ़कर भावनात्मक नुकसान था। उन्होंने अपने निजी अनुयाइयों को बेईमान गणित की जोड़बाकी का उपादान बने देखा। यह उनके लिए अकल्पनीय था। यह दुनियादारी उनको कुबूल नहीं थी।

और जरा तमाशा देखिए–आज पैंतीस साल बाद भी इसका आकर्षण मौजूद है। वह दिन-ब-दिन और गहरा होता जा रहा है। इसका संगीत आज भी भविष्य की धरोहर

है। क्यों न हो, शैलेन्द्र की मुहब्बत का क़रिश्मा जो ठहरा। 'तीसरी कसम' शैलेन्द्र के कवि हृदय की मुक्ति है। अपने सृजनशील कवि व्यक्तित्व की, संपूर्णता में अभिव्यक्ति की कोशिश है। उस माध्यम के द्वारा जिसे उन्होंने आधे मन से ही अपनाया था, लेकिन जिसमें अपनी पूरी प्रतिभा समर्पित कर दी थी।

शैलेन्द्र को हिन्दी साहित्य जगत ने एक कवि के रूप में स्वीकार नहीं किया। पर उनके न रहने के बाद लगातार उनकी क्षमता का एहतराम बढ़ता जा रहा है। वे जनजीवन में रचे बसे हैं–'तू प्यार का सागर है, तेरी इक बूंद के प्यासे हम'–'आज फिर जीने की तमन्ना है, आज फिर मरने का इरादा है'–'चूल्हा है ठंडा पड़ा और पेट में आग है–गर्मागरम रोटियां कितना हसीं ख़्वाब है'–'जीना यहां मरना यहां इसके सिवा जाना कहां'–'झूमती चली हवा, याद आ गया कोई'–'ओ जाने वाले हो सके तो लौट के आना'।

उनके गीतों की तरल शीतलता–सहज बोधगम्यता–सीधे-सादे सुपरिचित शब्दों के समायोजन की गहराई में जो परम्परानुमोदित सूत्र कथात्मकता का साहचर्य और वर्तमान की लोलुप हताशा की भयावहता का तुर्श तिरस्कार है–उसको पचा पाना बौद्धिकता के लिए मुमकिन भी कहां है। हर जमाने में साहित्यिक मठों के स्वयंभू प्रभुओं ने जनकवियों के साथ यही सुलूक किया है। हर ज़माने ने अपने ज़माने के कबीरों नज़ीरों को दुरदुराया है और गुजरे ज़माने के कबीरों नज़ीरों की क़ब्रें खोदकर जगाया है। जिअत न दओ मांड–मरै दिखाई खांड़। तीव्रतम गति से विकसित होती वर्तमान यांत्रिकता साहित्य को हाशिए पर पटक चुकी है और सिनेमा के गीत कुत्सा के पर्याय बनते जा रहे हैं। सृजनात्मकता बेहया आपाधापी के आगे निरुपाय उसे टुकुर-टुकुर निहारने को अभिशप्त है। दुनिया को राह दिखाने वाले खुद अपनी राह भूल गये हैं। पहचान का नहीं, अस्तित्व का संकट सामने खड़ा है। इस दौर में भी आंखों के अंधे नाम नयनसुखदास ही सुर्खरू हो रहे हैं।

ज़माने का यही दस्तूर है।

इससे दीवानों को लेकिन क्या निस्बत। उन्हें अपनी औकात के बावत किसी और से तो जानना होता नहीं। उनके लिए सृजन क्षणों की मर्मान्तक पीड़ा ही पर्याप्त है। वही चरम उपलब्धि है। उन्हें पता है–'भीतर की तकलीफ सृजन की माता है / कष्ट भोगनेवाला सचमुच सबसे बड़ा विधाता है'–वह जो जमाना है, जो लुटाता है धन दौलत और शोहरत–वह तो दुनिया का खेल तमाशा है–अकड़ किस बात की प्यारे–तुम्हारे महल चौबारे, यहीं रह जायेंगे सारे–इन पर क्या ललचाना, क्या इतराना।

दी गई आवाज को सुनने की जहमत उठानेवाले तक नहीं थे कविराज जो अनायास अनमने अंदाज़ में उस माध्यम के हो गये थे जिसके प्रति उनकी कोई श्रद्धा नहीं थी। आर्थिक मजबूरियों ने ही उन्हें फिल्मों में गीत लिखने के लिए बाध्य किया था। पर एक बार जब वे सिनेमा से जुड़ गए तो उन्होंने मुड़कर दाएं-बाएं, आगे-पीछे नहीं देखा। सिनेमा के गीतों को एक नया तेवर दिया–सिनेमाई सरलता को अपने निजी सहज

सौन्दर्य की गरिमा से पुनः परिभाषित किया–और 'तीसरी कसम' के सृजन के द्वारा अपने कवि व्यक्तित्व के वैराट्य की आत्मिक मुक्ति भी इसी माध्यम के गर्भ से अर्जित की।

'तीसरी कसम' को लेकर यह एक बड़ी भ्रान्ति है कि शैलेन्द्र ने इसे राजकपूर के अनुग्रह पर बनाया था। यह शैलेन्द्र के लिए मुमकिन ही नहीं था। राजकपूर 'तीसरी कसम' में इसलिए हैं क्योंकि वे शैलेन्द्र के सपनों के हीरामन हैं। शंकर जयकिशन हैं तो इसलिए कि वे शैलेन्द्र के समूचे कैरिअर के सहयोगी हैं। शंकर जयकिशन ने राजकपूर निर्मित नौ फिल्मों की संगीत रचना की है, लेकिन शैलेन्द्र ने तो उनके साथ शताधिक फिल्मों के गीत लिखे हैं। जो खास तौर से जयकिशन के साथ शैलेन्द्र का गहरा याराना और व्यावसायिक तालमेल न होता तो संभवतः संगीत रचना के लिए भी शंकर जयकिशन की जगह उनकी पसन्द सलिल चौधरी होते। शंकर जयकिशन के साथ स्थायी रूप से काम करने के बावजूद शैलेन्द्र ने सलिल चौधरी के लिए अधिकांश फिल्मों में गीत लिखे हैं। सचिन देव बर्मन, रोशन, एस.एन. त्रिपाठी, आदि संगीतकारों के लिए भी शैलेन्द्र ने स्वतंत्र रूप से गीत लिखे हैं। यहां उनके साथ हसरत जयपुरी नहीं होते थे।

और वे किसी को राजकपूर की टीम से नहीं चुनते। यहां तक कि छायांकन के लिए राधू कर्मकार जैसे समर्थ कैमरामैन का भी इस्तेमाल नहीं करते। राधू की जगह उनकी पसंद सत्यजीत राय की फिल्मों के छायाकार सुब्रत मित्र बनते हैं। राधू कर्मकार वह छायाकार हैं जो राजकपूर के नाजुक भृकुटि-विलास तक का मर्म पहचानता था–ऐसा कहा जाता है, और राजकपूर की फिल्में खुद कहती हैं। राधू और राजकपूर के बीच ग़ज़ब का तालमेल था। निर्देशक राजकपूर के निर्गुण स्वप्नचित्र को राधू हू-ब-हू सगुण अभिव्यक्ति देने में माहिर थे। इसलिए राजकपूर की सृजन दृष्टि का उन पर कुछ न कुछ प्रभाव होना लाज़िमी है। यदि 'जिस देश में गंगा बहती है' का निर्देशक भी सचमुच राधू कर्मकार को मान लिया जाए तब तो वे राजकपूर की प्रतिकृति ही हुए। बस इसीलिए राधू शैलेन्द्र की पसन्द नहीं बनते। राजकपूर के निर्देशकीय कौशल में शोमैनशिप के विराट आयोजन के शैलेन्द्र कतई मुरीद नहीं। वे राजकपूर के निर्देशकीय सौन्दर्यबोध की छाया तक 'तीसरी कसम' पर नहीं पड़ने देते। वह शोमैनशिप जो राजकपूर का आभूषण है शैलेन्द्र के लिए अप्रयोज्य है। यह बात अजीब लगती है, लेकिन है–कि राजकपूर फिल्मकार से कहीं बहुत ऊंचे अभिनेता थे–शैलेन्द्र की दृष्टि में।

शैलेन्द्र निर्देशक के रूप में राजकपूर की जगह बिमलराय पर निसार थे। बिमलराय की अनेक फिल्मों के गीत उन्होंने लिखे हैं। 'परख' के तो संवाद भी शैलेन्द्र ने लिखे। संभवतः यह एकमात्र फिल्म है जिसके संवाद शैलेन्द्र ने लिखे। बिमलराय की अभिव्यक्ति की सहज सादगी के शैलेन्द्र मुरीद थे। यदि बिमलराय असमय कालकवलित न हो गए होते तो शायद वे निर्देशन की जिम्मेदारी संभालने के लिए बिमलराय को ही मजबूर करते। 1963 में 'बंदिनी' के बाद बिमलराय अपने जीवन के अंतिम 3 वर्षों में केंसर से जूझते रहे। 1964 में प्रदर्शित 'बेनजीर' का निर्देशन भी इसीलिए दिलीप गुप्ता को सौंपा गया था। इसलिए शैलेन्द्र ने बिमलराय के सहायक निर्देशक जो उनके दामाद

भी बने–उन बासु भट्टाचार्य को सौंपी निर्देशन बागडोर। शैलेन्द्र और बासु भट्टाचार्य में गहरी अंतरंगता थी। बासु से बिमलराय की बेटी के विवाह में शैलेन्द्र ने बासु की मदद बिमलराय की असहमति के बावजूद की थी। बासु ने आगे चलकर हिन्दी सिनेमा में अपनी एक अलग पहचान बनाई। 'आविष्कार' (1974), 'गृहप्रवेश' (1979), 'पंचवटी' (1986), 'आस्था' (1996) बासु की महत्त्वपूर्ण फिल्में हैं। ये सभी फिल्में स्त्री-पुरुषों के जटिल दैहिक संबंधों की सामाजिक और पारिवारिक विडम्बनाओं की गाथाओं में बुनी गई हैं। इनमें 'तीसरी कसम' जैसी स्त्री-पुरुष की रागात्मक सहजता का अलौकिक विलास कहीं अभीष्ट नहीं है। 'तीसरी कसम' बासु भट्टाचार्य निर्देशित तमाम फिल्मों में सबसे अलग है। बासु 'तीसरी कसम' की दृष्टि का अनुसरण आगे नहीं करते। अनुभूतिगत प्रेम में संपूर्णता के एकात्मक रूप की प्रतिष्ठा उनका मंतव्य कभी नहीं बनती। इसीलिए हमने कहा है कि 'तीसरी कसम' सबसे पहले शैलेन्द्र की फिल्म है। उसे कोई शैलेन्द्र जैसा कवि हृदय ही रच सकता है।

हीराबाई की भूमिका के लिए शैलेन्द्र का चुनाव होती हैं वहीदा रहमान। यदि राजकपूर का अनुग्रह होता तो नायिका वैजयन्ती माला को होना चाहिए था। ठीक इसके पहले राज-वैजयन्ती की युगलयुति ने 'संगम' में तहलका मचाया था और श्रीधर की 'नजराना' में भी वह कामयाबी पा चुकी थी, जबकि वहीदा रहमान के साथ राजकपूर की जोड़ी 'एक दिल सौ अफसाने' में बुरी तरह असफल हुई थी लेकिन शैलेन्द्र को सफल सितारों की युगलयुति नहीं किरदारों की सरापा सूरत बन जाने वाले कलाकार चाहिए थे। उन्हें सफलतम फिल्म नहीं बनानी थी, उन्हें श्रेष्ठतम रचनात्मक उपलब्धि और संतुष्टि हासिल करनी थी।

गरज़ ये कि शैलेन्द्र अपनी रचनात्मकता में किसी किस्म का, किसी व्यक्ति का हस्तक्षेप स्वीकार नहीं करते। सो इसके अलावा चारा ही क्या है कि वे अपनी जीवन भर की जमापूंजी और संबंधों की कीमत पर फिल्म बनाते। उन्होंने कीमत चुकाई। पर न सितारों के आगे झुके, न रोजगारियों के। उन्हें फिल्म के लोकप्रियता अर्जित करने से कोई दुश्मनी नहीं है पर वे लोकप्रियता अर्जित करने के लिए नुस्खों की आज़माइश का शिकार होना पसन्द नहीं करते। कोई शिक़वा नहीं जो ज़िंदगी की कीमत चुकाकर भी आत्मसंतोष मयस्सर हुआ। अपनी दीवानगी को अंजाम देने के लिए शायद हर जमाने में हर कीमत नाकाफी होती है–हर संग़-ओ-ख़िश्त है सदफ़-ए-गौहर-ए-शिकस्त / नुक़सां नहीं जुनूं से गर सौदा करे कोई।

'तीसरी कसम' किसी के अनुग्रह पर नहीं बनाई गई। बाज़ार लूटने के लिए नहीं बनाई गई। एक तरह से यह स्वान्तःसुखाय–शैलेन्द्र की चिरन्तन प्रेमगाथा है। जब हम खुशबू की तरह बिखर जायेंगे तो तुम मुग्ध कैसे नहीं होगे? जो हमारे दिल में सच्चाई होगी तो वह दुनिया को मोह लेगी। सुरसरि सम सबका हित करने वाली होगी। जब हम नहीं डूबे तो जमाना क्या खाक डूबेगा। डूबना बस अपना ही है। जमाना तो खुद डूबा हुआ है।

Eagle

कोई 'कागज़ के फूल'–कोई 'मुसाफिर'–कोई 'मेरा नाम जोकर'–कोई 'तीसरी कसम' कभी असफल नहीं होती। ये आत्महन्ता आस्थाओं की फिल्में हैं। ये सत्य के कालजयी सौन्दर्य का संधान करती हैं।

'तीसरी कसम' एकमात्र न सही, तब भी उन अंगुलियों पर गिनी जा सकने वाली चंद फिल्मों में एक है जिसने किसी साहित्यिक कृति से पूर्णता की हद तक न्याय किया। यहां तक कि वह चित्रात्मक अभिव्यक्ति में मूर्ति सृजन नहीं करती। मात्र दो पात्रों पर आधारित कथानक के बावजूद व्यक्तित्व मंडित नहीं होती। पात्रों से कहीं बहुत आगे जाकर वातावरण, उसके ध्वन्यात्मक प्रवाह और मंथर लयात्मकता का महत्व है। इसलिए कि चरम अन्विति किसी चरित्र का औदात्य स्थापित नहीं करती–एक नाजुक अनुभूति को विराट क्षितिज पर उकेर देती है। जहां तमाम सापेक्ष स्थितियां विलुप्त हैं। वह मुकाम जो जीतने-हारने, खोने-पाने, मिलने-बिछुड़ने जैसी तमाम सापेक्ष विवशताओं के निरपेक्ष है। जहां गली इतनी संकरी है कि बस एक ही अंट सकता है। जहां दिल और दर्द दो अलग मुकाम नहीं। पात्र भी / मधु भी / मधुप भी / मधुर स्मृति भी! बस एक ही होकर सबकी गुज़र है–मुझको वो लज़्ज़त मिली अहसास मुश्किल हो गया / रहते रहते दिल में तेरा दर्द भी दिल हो गया।

'तीसरी कसम' की पटकथा मूल कहानी 'मारे गये गुलफाम उर्फ तीसरी कसम' के लेखक फणीश्वरनाथ रेणु ने खुद तैयार की थी। कहानी का रेशा-रेशा, उसकी छोटी से छोटी बारीकियां सच्चाई और ईमानदारी से उभरीं। हिन्दी में आज तक किसी लेखक ने अपनी कृति के फिल्मांकन की उस तरह सराहना नहीं की जिस तरह रेणु ने। अक्सर तो इसके ठीक विपरीत लेखकों को अपनी कृतियों पर बनी फिल्मों से असहमति-अरुचि-शिकवे-शिकायतें ही रही हैं। कभी-कभी तो इस अतिवाद की भी प्रतिष्ठा की कोशिशें हुई हैं कि हिन्दी सिनेमा की मूलधारा के बीच हिन्दी की किसी साहित्यिक कृति का श्रेष्ठ सिनेमाई रूपांतरण मुश्किल ही नहीं, नामुमकिन भी है। यहां तक कि सत्यजीत राय जैसे अन्तर्राष्ट्रीय महामहिम ने उपन्यास सम्राट मुंशी प्रेमचन्द की कहानियों 'शतरंज के खिलाड़ी' और 'सद्‌गति' पर जो फिल्में बनाईं उन पर भी कृति के साथ न्याय न किये जाने के आरोप लगे। कथावस्तु को पटकथा में तब्दील करते हुए व्यापक परिवर्तन तो किए ही गए थे–खास तौर से 'शतरंज के खिलाड़ी' में। उन्होंने जीवन की प्रतीक गाथा को सत्ता संघर्ष का उपादान बना दिया। प्रेमचंद की कहानी में इतिहास सिर्फ साधन है–आवरण की तरह इस्तेमाल किया गया। वह नायक नहीं है। वह कथा शिल्प का एक उपादान है। उसे माध्यम की तरह प्रयोग कर अपने युग को नायकत्व सौंपा गया है। 'शतरंज के खिलाड़ी' को महानतम फिल्म मानने वालों से भी हमारी तनिक असहमति नहीं। इससे कुछ लेना देना भी नहीं है। निष्कर्ष इतना कि प्रेमचन्द की कथा अपनी निजता से आलोकित होकर रजतपट पर नहीं पहुंच सकी। उसके लेखक-निर्देशक

सत्यजीत राय हैं। प्रेमचन्द अधिक से अधिक एक सूत्र हैं। उसके निर्देशक ही नहीं लेखक भी सत्यजीत राय हैं। प्रेमचन्द से आरंभ कर अमृतलाल नागर, भगवतीचरण वर्मा और अंत में कमलेश्वर तक अन्ततः इस माध्यम से निराश होकर ही लौटे हैं। प्रेमचंद के किसी उपन्यास का फिल्मांकन रचना की ताब नहीं ला सका। 'सेवासदन', 'गोदान', 'गबन'– कोई नहीं। जिन कमलेश्वर ने 99 फिल्मों की कहानियां–पटकथा-संवाद लिखे, वे भी बहुत जल्द निराश होकर अपनी कहानियों को 'बर्बाद' करने की जगह प्रोड्यूसर के या किसी प्रोड्यूसर की बीवी-साली के कहानी आइडियों पर पटकथाएं तैयार करने और बनी बनाई पटकथाओं के संवाद लिखने में अधिक रुचि लेने लगे और अन्ततः निराश होकर ही लौटे या उनसे बेहतर काम करना बेहतर माना और फिल्मों से किसी सार्थक प्रस्ताव आने की प्रतीक्षा करने लगे। खुद कमलेश्वर के उपन्यास पर आधारित 'आंधी' जब गुलजार ने बनाई तो लेखक के रूप में कमलेश्वर उससे बहुत संतुष्ट नहीं हुए। ये निश्चित रूप से लेखक का नहीं निर्देशक का माध्यम है। वही सेल्युलाइड पर कथानक का अंतिम लेखन करता और खुद ही स्वीकृति-अस्वीकृति-संशोधन करता है। तब भी यदि कोई प्रतिष्ठित साहित्यिक कृति हो तो उसका रचयिता निर्देशक से अधिकतम लेखकीय न्याय किए जाने की इच्छा तो रखता ही है। कमलेश्वर भी 'राम बलराम' और 'द बर्निंग ट्रेन' से इस लेखकीय न्याय की इच्छा न रखें–यह तो मुमकिन है लेकिन ये कैसे मुमकिन है कि वे 'काली आंधी' से इस न्याय के प्रति उम्मीद न रखें। यह तो सहज मानवीय अनुभूति है। रचनात्मक पीड़ा के सौन्दर्य सृजन हेतु अपनी सार्थकता के अभिज्ञान का आनन्द है।

रेणु की तरह कोई दूसरा हिन्दी लेखक अपनी कृति के सिनेमाई रूपान्तरण से अभिभूत नहीं हुआ। 'तीसरी कसम' की चित्रात्मक अभिव्यक्ति ने रेणु की कहानी को और अधिक महत्त्वपूर्ण बना दिया था। फिल्म से कहानी बोलती है–'तीसरी कसम' में। इस तरह यह लेखक-कवि, मणिकांचन संयोग की अद्भुत परिणिति बनी।

जब 1972 में–'तीसरी कसम' के रिलीज होने के छः वर्ष बाद इसकी पटकथा पुस्तकाकार हिन्द पॉकेट बुक्स के द्वारा प्रकाशित हुई तब उसे शैलेन्द्र को ही समर्पित करते हुए फणीश्वरनाथ रेणु ने जो समर्पण वाक्य लिखे हैं–वे सिनेमा के द्वारा साहित्य की आराधना किए जाने की सराहना के भावोद्गार हैं। 'तीसरी कसम' सफल हुई या असफल–अच्छी थी या बुरी–इन सबसे पहले यह सच्चाई अखंड है कि उसे कोई कवि हृदय ही बना सकता था। 'तीसरी कसम' रेणु और शैलेन्द्र की समवेत सार्थकता बनी। दोनों को रचनात्मक संतोष दिया।

तब ही रेणु ने समर्पण शब्द लिखे–'स्वर्गीय शैलेन्द्र को! जिसकी याद ज़िंदगी भर आती रहेगी। जब कहीं कोई–'सजनवा बैरी' गायेगा अथवा–'सजन रे झूठ मत बोलो'–उसकी मुस्कुराती छवि 'के...इन' होगी–और मैं पूछूंगा–पूछता रहूंगा उससे–'क्यों जीवन के पथ पर मिले मीत, क्यों गीतों से भरे सपने जगाए'। काहे को दे दी जुदाई...? क्यों–ओ कविराज...?...??'

एक छोटी सी–नाजुक-सी प्रेम गीत-सी आदिम प्रणय कथा को शैलेन्द्र ने समूची फिल्म में बिखेर दिया था। जिसे सिनेमा में 'कहानी' कहते हैं। वह तो 'तीसरी कसम' में सिरे से ही गायब है। एक गाड़ीवान एक नौटंकी की बाई को अपनी टप्परगाड़ी में बिठाकर नौटंकी में लाता है। वह अपने शहर की नौटंकी से चुपके से भागकर मेले की नौटंकी में जा रही है। उसी को हीरामन मेले में पहुंचाता है और एक दिन उसे ही न पा सकने की विवशता में वापस शहर की नौटंकी में चली जाती है। किसी धनपति की नजर में यह किस्सा ही क्या हुआ? कम से कम जमींदार को खलनायक ही बनाओ। नौटंकी के जोकर का कुछ हंसी-ठट्ठा ही जमाओ। कुछ तो करो कि कुछ एक्शन पैदा हो। चलो नाच-गाने हैं सही–पर किस मतलब के–जब कहानी में एक पेंच तक नहीं है। सो यह स्वाभाविक ही था कि बाजार में तत्काल नहीं चीन्हा जा सका पिंजरे वाली मुनिया का आनन्दलोक।

कुछ आसान नहीं है पहचान लेना प्रथम मिलन में ही अवश्यम्भावी वियोग को। वियोग को आनन्द के प्रफुल्लित बिम्ब की भांति ग्रहण कर लेना। कजरी नदी के घाट पर हीराबाई को बरजता है हीरामन–नहीं, यहां नहीं, यह महुआ घटवारिन का घाट है, यहां क्वांरी लड़कियां नहीं नहातीं!

क्वांरी लड़की!

और हीराबाई!!

ग़ज़ब और किसे कहते हैं? क्या इस जमाने में कोई ऐसा भी नादान हो सकता है कि नौटंकी में नाचनेवाली बाई जी को क्वांरी लड़की माने? उसे देवी की तरह देखे। क्या कोई सपना भी इतना हसीन हो सकता है?

हीरामन की ये गलतफहमी चाहकर भी नहीं तोड़ पाती हीराबाई। यह गलतफहमी उसके भीतर एक ऐसी हसीन दुनिया रच देती है जिसका दीदार उसने कभी ख़्वाब तक में नहीं किया था। वह हसीन संसार जिसमें वह लपलपाती आंखों की हवस में नाचनेवाली बाईजी की जगह 'बिदागी' में रूपान्तरित हो गई थी। जो यह एक छलावा भी है तो हुआ करे। इस छलावे में जो आत्मिक आनन्द है वह सत्य के किसी प्रलोभन में नहीं।

कजरी नदी के किनारे बैठकर उसी महुआ घटवारिन का गीत सुना रहा है हीरामन जिसे एक सौदागर के हाथ बेच दिया था उसकी सौतेली मां ने। उस महुआ को जो सौ सतवंतियों में एक थी। जो अपने प्रेमी को अपनी आत्मा के साथ वरण कर चुकी थी। पर जमाने की बेरहम रवायतों ने उसे अपने प्रेमी से जुदा कर दिया और वह भी गुपचुप तमाशा देखता रह गया–कहते हैं जिसने ये दुनिया बनाई है। हीराबाई छींट की हल्की साड़ी का पल्ला लपेटे सुन रही है गीत में महुआ की कथा–उस महुआ की कथा–जीवन में समर्पण सौन्दर्य संधान के लिए जिस बेचारी का मन दिन-रात छटपटाया करता था।

'मन समझती हैं न आप?'–हीरामन ने पूछ लिया है हीराबाई से। बस पूछ ही तो लिया।

हीराबाई ने हीरामन को और फिर हीरामन ने हीराबाई को हौले से देखा और पल

भर को आंखें टकरा गईं। सो बस, एक ही पल में जीवन सम्पूर्ण हो गया। सब कुछ कह दिया हीराबाई ने। सब कुछ सुन लिया हीरामन ने। वह महुआ भर की नहीं, खुद हीराबाई की कथा भी है। महुआ हीराबाई का भेस बदलकर आ गई है। लहरें बार-बार आकर तट से टकराती हैं और हर बार तट की पकड़ से छूट जाती हैं। लेकिन लहरें तट से टकराना तो नहीं छोड़ देतीं। लहरों का तट को पलभर को छू लेना ही संपूर्णता है। जीवन के आनन्द की समुच्चय संप्राप्ति है।

हीराबाई कहती है–जब कहना चाहिए था, तब न कहकर एक गलती की। जब नहीं कहना चाहिए, तब कहकर दूसरी गलती नहीं करूंगी।

हीराबाई नहीं कहती कि यह मुमकिन ही नहीं था कि पहली गलती न की जाती। जो संपूर्ण जीवन की उपलब्धि है, उसे किस तरह ठुकरा देती। किसी के मनमंदिर की मूरत कैसे खण्डित कर देती। इसलिए कि वह मेरी ही प्राप्ति है। मेरी ही पूर्णता है। वह एक पल क्या कुछ कह-सुनकर गंवाया जा सकता था? वह पल जिसने जीवन की सार्थकता का अभिनन्दन किया, जीवन सौन्दर्य की दीप्ति में काल की आहुति दी–जिस पल ने उसे बाईजी से देवी बनाया–उस अनुपम देदीप्य दृष्टि का दीदार मयस्सर किया जो सत्य का शिवत्व धारण करती है। उस एक पल के लिए एक क्या, सैकड़ों जीवन कुर्बान किए जा सकते हैं।

जमींदार से कहती है हीराबाई–'आपकी नज़रों में–मैं एक बाजारू औरत हूं और उसकी नज़र में देवी। आपकी तरह वे भी कहां मुझे समझ पाते हैं जमींदार साहब। मगर उनकी ग़लतफ़हमी में जो नशा है, वो न आपके ऐशबाग में है, न विलायती शराब में'।

ऐसा नशा है हीरामन की इस ग़लतफ़हमी का हीराबाई पर कि जमींदार के ताने से टूट जाने की जगह, स्त्रीत्व की शक्ति और शक्ति का दर्प तक उभरता है। पूरी शिद्दत के साथ वार करता है जब, हिकारत में काइयांपन घोलकर थूक उछालता जमींदार कि सती सावित्रियां बनाने से नहीं बना करतीं हीराबाई?

पर हीराबाई जान गई है कि इस दुनिया में जब जमींदार जैसे मेहरबान हैं जो सती सावित्रियों को बाजारू औरत बना सकते हैं–उनकी अस्मत का सौदा कर सकते हैं तो ऐसा भी कोई तो है–है ही–जो बाजारू औरत को सती सावित्री बना सकता है। महज़ सात फेरों की बेड़ियों में जकड़कर नहीं बना जा सकता सती-सावित्री। पुरुष की अहम्मन्यता के श्रीचरणों में पलोटकर प्राप्त धर्मपत्नी का प्रमाणपत्र स्त्री को सती सावित्री नहीं बना सकता। वह अपनी आदिशक्ति के अभिज्ञान से सती सावित्री बनती है। यह अभिज्ञान दिया है उस एक पल ने। वह इस ख़्वाब को पलकों पर सजा लेती है। काल वहीं ठहर जाता है। ईश्वरत्व वहीं पूर्णत्व अर्जित करता है। खुदा करे कि कयामत हो और तू आए।

एक ही पल में मिलन संपूर्ण है। सो पहले ही क्षण वियोग प्रत्यक्ष है। उसका आना और कयामत का आना कोई अलहदा नहीं है। वह तो जानते ही जान लिया है कि मीता होते हैं मिलते नहीं। जो जानत सो कहत नहिं, कहत सो जानत नांहि।

और जब हीराबाई के पास शब्द हैं तो उनका प्रत्युत्तर भी गहरी खामोशी है। ज़ख़्मों से भरे दिल से मुस्कुराता मौन। गूंजती हुई खामोश प्रतिध्वनियां ही हैं हीराबाई का नसीब। लेकिन भले ही लाखों की भीड़ में एक और हीराबाई गुम हो जाए–वह हीरामन का सपना नहीं टूटने देगी।

और जरा इस सपने की नाजुकी का मुलाहिजा कीजिए–किस तरह अविभाज्य है। हीराबाई अपने शहर की नौटंकी में वापस लौटते हुए स्टेशन पर हीरामन की प्रतीक्षा कर रही है। ट्रेन आने ही वाली है। सिग्नल हो चुका है। पर हीरामन अब तक नहीं आया है। हीराबाई दलाल बिरजू से कहती है–'सोचती हूं, इस गाड़ी से न जाऊं।' बिरजू मुश्किल बतलाता है–'पर दूसरी गाड़ी कल इसी वक्त मिलेगी।' हीराबाई बिरजू की मुश्किल आसान कर देती है–'तो क्या हुआ, एक रात मुसाफिरखाने में ही काट लूंगी।' और जब बिरजू तनिक भावुक हो कह उठता है–'एक बात पूछूं बाई!'–तो तुरन्त बरज देती है हीराबाई, 'नहीं कुछ मत पूछो। कुछ मत कहो'–कुछ कहने-सुनने की तो कहीं कोई गुंजाइश ही नहीं है।

इसलिए कि तुम नहीं समझ सकोगे। यहां डूबना ही पार उतरना है। दो और दो का जोड़ हमेशा चार कहां होता है / सोच समझ वालों को थोड़ी नादानी दे मौला।

हीराबाई को पता है कि हीरामन आयेगा। हीराबाई को ये भी पता है कि वह हीरामन से मिले बगैर नहीं जा सकती। बिछुड़ने की अपरिहार्यता के निर्वाह के लिए भी मिलना जरूरी है। वह क्यों आयेगा–और वह क्यों मिलना चाहती है–इसका कोई जवाब उनके पास नहीं है। इसकी उसे कोई जरूरत भी नहीं है।

और जब हीरामन आता है–बेतहाशा भागता–फिसलता-गिरता–गिरने से बचता–लगता कि बहुत-बहुत कुछ है कहने के लिए–लेकिन एक निरन्तर चुप्पी तारी है। वह तो शायद सुन भी नहीं पा रहा है जो हीराबाई कह रही है। वे जो अमानत बतौर रखे गए रुपए हीराबाई उसे लौटा रही है वे उसके पास भी तो किसी और की ही अमानत हैं। हीरामन को उन रुपयों से क्या निस्बत। कोई रुपयों के मोल हीरा खोता है।

अखण्ड मौन है। शब्द तो यूं भी हीरामन पर कभी बहुत मेहरबान नहीं रहे। यहां तो संकटमोचक 'इस्स' तक असहाय है। गति निस्पन्द है।

हीराबाई का उल्लास महक उठता है। उसे पता नहीं है कि वह क्या कह रही है, क्यों कह रही है। लेकिन हीरामन के मौन के अन्तर्नाद की गूंज कैसे प्रतिध्वनित न हो। ये बिछुड़ना कहां है हीरामन। सौदागर महुआ घटवारिन को खरीद सकता है। उसे पा नहीं सकता। हम तो कब के एक दूसरे के हो चुके हैं।

मिलन की पीड़ा–वियोग का आनन्द–तुम्हारी ही दी हुई सौगातें हैं मीता। जो बिछुड़ने के लिए मिले थे तो आज मिलने के लिए ही बिछुड़ रहे हैं। तुमको ही बतलाऊं जो तुमसे ही जाना है–पिंजरे में मुनिया का तन कैद किया जा सकता है–उसके अंतस का आनन्दलोक नहीं।

और इस मुकाम पर खुदा की खुदाई कठघरे में खड़ी है। काहे बनाया तूने दुनिया

का मेला–और उसमें ये जवानी का खेला–और पल भर में खेल खत्म। एक पल के लिए ज़िंदगी भर की जुदाई। एक पल के लिए ज़िंदगी भर की सज़ा।

माटी से खेलते हो बार-बार किसलिए
टूटे हुए खिलौनों से है प्यार किसलिए
जरा सी धूल को हजार रूप नाम दे दिए
जरा सी जां के सर पे सात आसमान दे दिए
बर्बाद ज़िंदगी का ये सिंगार किसलिए
आई भी दो दिनों की ये बहार किसलिए

आदि से अंत तक–एक छोर से दूसरे को–यह चिरवियोग में महामिलन की डोर बांध देती है। क़तरे को मुकम्मल करती और कुल को जर्रे-जर्रे में बिखेरती। पग-पग पर रससिक्त करते और रसप्लावित होते। पान खाकर होंठ रचाए सांवली सूरतवाला मलमल के कुर्ते पर लाल लाल छींट की छटा बिखेरता मनमोहना जो ठहरा। इस इंद्रधनुषी सूरत में समाकर भी क्या सुख और दुःख दो अलग मुकाम हो सकते हैं?

रेणु के अतिरिक्त हिन्दी के किसी और लेखक को यह आनन्द उपलब्धि हासिल नहीं हुई। शायद इसीलिए भगवत रावत जैसा कवि हीरामन में अपने अन्तर्यामी की प्रफुल्लित छवि तलाशता है। 'सुनो हीरामन'–भगवत रावत की यह कविता–साहित्य और सिनेमा के बीच एक पुण्य सेतु का निर्माण करती है।

'तीसरी कसम' को 1966 में सर्वश्रेष्ठ कथा फिल्म का राष्ट्रीय पुरस्कार मिला। बंगाल फिल्म जर्नलिस्ट एसोसिएशन के सर्वश्रेष्ठ कथा फिल्म सहित अनेक पुरस्कार मिले। और समय के साथ साथ इसकी कशिश गाढ़ी होती चली गई। इसकी संगीत रचनाओं का आनन्द और मादक होता चला गया।

हिन्दी सिनेमा के बाजार में यह माना जाता है कि यदि किसी फिल्म का संगीत लोकप्रिय हो जाए तो वह घाटे का सौदा कभी नहीं होती। 'तीसरी कसम' का संगीत फिल्म प्रदर्शन के पूर्व ही बेहद लोकप्रिय हो चुका था और आज तक उसकी वही लोकप्रियता बरकरार है। 'सजन रे झूठ मत बोलो', 'दुनिया बनाने वाले क्या तेरे मन में समाई', 'पान खाय सैंया हमारो', 'चलत मुसाफिर मोह लियो रे पिंजरे वाली मुनिया', 'सजनवा बैरी हो गये हमार', 'मारे गये गुलफाम', 'लाली लाली डोलिया में लाली रे दुल्हनियां', 'हाय ग़ज़ब कहीं तारा टूटा', 'आ...आ भी जा, रात ढलने लगी चांद छुपने लगा' एक से बढ़कर एक गीत–लोकप्रियता में खुद ही एक दूसरे से होड़ लेने वाले। इसके आगे ये कि बौद्धिकों ने भी इन्हें सराहा। इसके गीत ज़िंदगी के गीत साबित हुए। निश्चित ही फिल्म माध्यम की यह विडम्बना है कि अपना माल बेचने की कला में पारंगत हुए बगैर यहां टिक पाना नामुमकिन है। शैलेन्द्र इसी मुकाम पर हार गए। 'तीसरी कसम' असफल हुई। वह ठीक तरह से प्रदर्शित ही नहीं हो सकी। 'तीसरी कसम' आज हिन्दी सिनेमा में एक शिलालेख है। वह बहुत समय तक आर्थिक रूप से भी उनके उत्तराधिकारियों के लिए फायदे का सौदा बनी रहेगी।

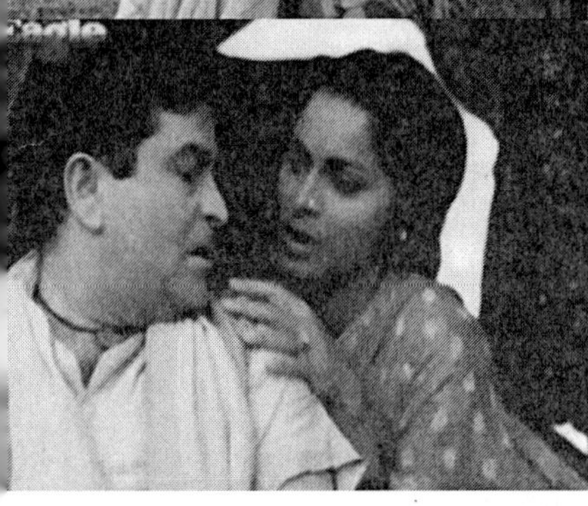

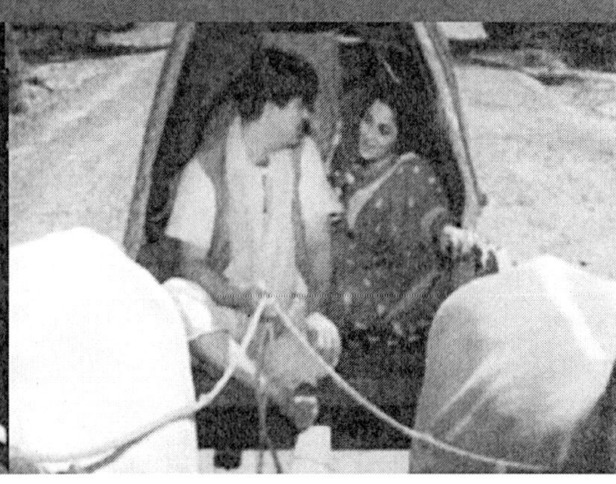

'तीसरी कसम' मात्र दो पात्रों की कहानी है–हीराबाई और हीरामन की प्रेम कथा। जैसे लैला मजनू, शीरी फरहाद, हीर रांझा की प्रेम कथाएं। बस इसमें मुहब्बत के करिश्माई अंदाज़ नहीं हैं, अलौकिकता के चमत्कार नदारद हैं। सीधी सच्ची सरल सहज प्रेम कहानी है–दो बेहद मामूली आदमियों की। अपनी चरम लघुता में संतुष्ट हीरामन और दागदार दामन में पाकीजा मुहब्बत समेटे हीराबाई की प्रेमकथा। हर प्रेमकथा की तरह इसका अंत भी दुःखद है, पर यह मृत्यु का वरण नहीं करती। यह कुर्बान होकर सुर्खरू नहीं होती। यह बिछुड़ कर दर्द को ज़िंदगी के आनन्द में ढालकर सम्पूर्ण होती है। समरसता एक विलसती / आनन्द अखण्ड घना था।

इसी तरह यह मात्र 'तीसरी कसम' की कहानी है। पहली दो कसमें तो महज़ भूमिका की तरह हैं पांच मिनट में बांधी गई–'तीसरी कसम' का एक सौ पचास मिनट का किस्सा बयान करने के लिए। वह तीसरी कसम जो किसी नौटंकी की बाई को अपनी गाड़ी में, फिर कभी न बिठाने की उठाता है हीरामन–उसको तो दिल में बिठा चुका है। हीराबाई के साथ रेलवे स्टेशन से मेले तक की बीस कोस की यात्रा–हीरामन की संपूर्ण जीवनयात्रा है। उस यात्रा में वह एक पूरा जीवन जी लेता है हीराबाई के साथ। जीवन का अखंड आनन्दोत्सव। इस डेढ़ दिन की यात्रा में नवरस परिपाक हो लेता है। भय, घृणा, अनुराग, विराग, संकोच, मिलन, वियोग–तमाम भावभंगिमाओं का सौन्दर्य बन जाती है हीराबाई। हीरामन उससे हर पल हजार-हजार बार मिलता-बिछुड़ता है–ऐसी मनुआ नटुआ जैसी नमकीन छुअन है हीराबाई। फेनूगिलासी मिठास वाली हीराबाई।

लालमन–जरा सूंघ...बस एक बार जरा सा हाथ रख दिया था कंधे पर। स्मृति मात्र ही सुगंध है। यह कस्तूरी उसकी अपनी ही नाभि में है।

भय और आशंका से यात्रा का आरम्भ होता है। न जाने कैसी सवारी है। टप्पर से खुशबू आती है। घुंघरू बज उठते हैं। कहीं जिन परेत न हो।

निहायत देहाती भुच्च हीरामन–जिसने जिन्दगी में गाड़ीवानी करने के सिवा कुछ जानने और करने की जरूरत ही नहीं समझी। जो नहीं जानता नौटंकी खेला क्या होता है। जिसने किसी पराई औरत को नीची निगाह से भी नहीं देखा और अपनी औरत कभी हुई नहीं। दुलहन गौने में आने के पहले ही सिधार गई। अपनी गाड़ी में नौटंकी की बाई को बिठाकर आशंकित है। निश्छलता की पराकाष्ठा। सरलता की विलक्षण मूर्खता। जो स्त्री की मादक प्रतीति तक से आतंकित हो।

पर आतंक–आशंका–भय सिर्फ सनम के दर्शन तक के मेहमान हैं। अरे बाप रे, ई तो परी है परी! सब कुछ वात्सल्य के विस्मय की अभिव्यक्ति में बिला जाता है। जैसे सर्कस में हाथी को देखकर विस्मित शिशु की किलकारी।

इस अति अविश्वसनीय अनुभूति को सिर्फ राजकपूर ही विश्वसनीय बना सकते हैं, यह शैलेन्द्र का अटूट विश्वास था और राजकपूर ने उस विश्वास को सार्थकता दी। 'तीसरी कसम' में राजकपूर ने अभिनय की अन्यतम ऊंचाई हासिल की है।

पर हीराबाई बेमिसाल है। वह तो अपने ही गांव घर दुआर की परी है। सकुचा जाता

है हीरामन अपनी मूर्खता पर। हीराबाई उसका संकोच खोलती है। बड़ी चतुराई से उसके जीवन संगीत में प्रवेश कर जाती है। उसकी चौपाल में जा बैठती है गौरी गइया के सामने जिसके दो छोटे-छोटे बछड़े हैं।

बहू ? कौन बहू! किसकी बहू! बहू तो गौने के पहले ही सरग सिधार गई। उसके बाद का होती शादी! अब तो पन्द्रह बरस हुए। गौरी उसकी बहू नहीं गइया है!

हीराबाई पहली बार ही तो जानती है शायद कि दर्द कितना मीठा होता है। दिलफ़रेब। वह शायद पहली ही बार ये भी जानती है कि किसी को खिलाकर खाने में और फिर साथ खाने में कितना आनन्द है–वह खाना नहीं पाना है। नहीं, वह नहीं खायेगी जो तुम बाद में खाओगे। रख लो अपनी झोली में उठाकर।

रेलवे स्टेशन से मेले तक का यह सफर समूची जिंदगी का सफर जो ठहरा–सो स्मृति का दंश भी मधुर हो उठा–सजनवा, बैरी हो गए हमार। दर्द अब जा के उठा चोट लगे देर हुई। हीराबाई एक अपरिचित स्मृति की पवित्रता का प्रतीक बन जाती है। उसने अपनी बहू को देखा तक नहीं। एक अपरिचित स्मृति के सिवा और कुछ नहीं है उसके नज़दीक इस राग विराग की। राग की टीस शायद हीरामन भी अपनी ज़िंदगी में पहली बार जान पाता है–जाय बसे परदेस सजनवा, सौतन के भरमाए / न संदेस न कोई खबरिया रुत आए, रुत जाए / डूब गए हम बीच भंवर में करके सोला पार / करमवा बैरी हो गए हमार–सजनवा बैरी हो गए हमार।

जैसे जनम-जनम से बिछुड़ी अपनी ही आत्मा ने छू दिया हो 'मारो, मत।' असंभव देख रहा है हीरामन–बैलों पर चाबुक फटकारने से हीराबाई का जी दुखता है!

सवारी तो यही चाहती है कि बैलों को सरपट दौड़ाया जाए। धिचिड़-धिचिड़ सवारी भी कोई सवारी है।

यह कैसी सवारी है जो चाहती है धीरे-धीरे चलना। हीरामन क्या जाने जो सारी दुनिया में है–उसकी अपनी दुनिया में कोई नहीं है। हीराबाई ने अपनी ही जनम-जनम से बिछुड़ी परछाईं को सामने पाया। वह जो हीराबाई को हीराबाई के नाम से नहीं जानती। वही सपनों की परी है जो–नाम, रूप, रस, गंध से निरपेक्ष है। वही है हीराबाई के लिए हीरामन भी। जिसके साथ वह ज़िंदगी भर के दुख-सुख एक-एक पल में हजार-हजार बार बांटती है। हीरामन की आंखों की अतल गहराइयों में वह देख रही है अपनी शील संकोच की मूरत। साक्षात् देवी की प्रतिमा।

नईं तू पापन / नईं तू कुलटा / नईं तू अबला / तू जननी है तेरी ममता रोज नया जीवन रचती है / आदि शक्ति है तू मुनिया / आदि शक्ति है तू / पुरुषों के गर्वीले मस्तक झुकें तेरे चरणों पर / तूने जब भी ये पहचाना आदिशक्ति है तू।

पिंजरे वाली मुनिया की आंखों में अखंड आकाश समा गया है। उसने सौ सतवंतियों का सौभाग्य पा लिया है। ऐसा भी कोई है जिसके लिए वह क्वांरी लड़की की पाकीज़गी है। ऐसा और दूसरा किसलिए चाहिए। अब पाने को शेष ही क्या है?

वह हीराबाई को कभी डाक्टरनी कभी बिदागी बनाकर सारी दुनिया की नजरों से

चुराता मेले तक लाता है। खीझ उठता है हीरामन–देहाती भुच्च कहीं के। राह चलते सौ सवाल करेंगे। तुम्हें क्या मतलब हम कहां से आ रहे हैं, कहां जा रहे हैं?

वाह रे हीराबाई के नसीब। वह मेले की नौटंकी में नाचने जा रही है कि ससुराल जा रही है। लोगों की प्यासी आंखों की प्यास बुझाना जिसका काम है उन आंखों की परछाईं पड़ने तक से उसे बचाता लाया है हीरामन।

घर के छप्पर पर चढ़े शराबी की ऊलजुलूल हरकतों का मजा लेती भीड़ के कारण रुका रास्ता कैसी चालाकी से साफ कराता है हीरामन–उसको प्यासी आंखों का शिकार होने से बचाने के लिए।

दुनिया बनाने वाले क्या तेरे मन में समाई
काहे को दुनिया बनाई
काहे बनाए तूने माटी के पुतले
धरती ये प्यारी-प्यारी मुखड़े ये उजले
काहे बनाया तूने दुनिया का खेला
जिसमें लगाया जवानी का मेला
गुपचुप तमाशा देखे–वाह रे तेरी खुदाई
काहे को दुनिया बनाई

जवानी के मेले में मन-मयूर के पंख खुलेंगे। प्रीत जगेगी। जीवन के पथ पर मीत मिलेंगे। सो यह तो होना ही है कि सपने सजेंगे, महकेंगे और धूल में मिलेंगे। तब भी जीवन आशा गिला करते वक्त भी गुनगुनायेगी–मीत मिलाके तूने काहे को दे दी जुदाई। लेकिन बिछुड़ने से कैसा भय–जब उसके लिए मिलना लाज़िमी है। सनम के दीदार के मुहूर्त के लिए हजारों-हजार उम्रें न्यौछावर हैं। जब जीने का मेला लगा है, तब मौत का मातम क्यों? फटे कलेजा गाऔ गीत, दुख सहने की ये ही रीत। ज़ख़्मों से भरा सीना है मेरा–हंसती है मगर ये मस्त नज़र। दिल पर मरने वाले मरेंगे भिखारी।

शैलेन्द्र ने इतनी सरलता से गूढ़ दर्शन अपने गीतों में प्रस्तुत किया है कि उनके गीत जीवन का सहज अंग बन जाते हैं। विचलन के मुहूर्तों पर वे गुनगुनाहटों में उभरते हैं। उस तरह पथ प्रदर्शक बनते हैं जैसे प्रसाद जी ने कहा है–'मैं वह हल्की सी मसलन हूं–जो बनती कानों की लाली।' उनकी छुअन में शीतलता है इसलिए कि विकटतम परिस्थितियों में भी ज़िदगी की रोशनी झिलमिलाती है–माना अपनी जेब से फ़क़ीर हैं / फिर भी यारो दिल के हम अमीर हैं / मिटे जो प्यार के लिए वो ज़िंदगी / लुटे बहार के लिए वो ज़िंदगी / किसी को हो, न हो–हमें है एतबार / जीना इसी का नाम है।

सो 'तीसरी कसम' एक प्रेमगीत है शैलेन्द्र के लिए। उसी तरलता में उसे अंकित किया गया है। रेलवे स्टेशन से मेले तक की बैलगाड़ी की यात्रा हीराबाई और हीरामन की संपूर्ण जीवन यात्रा का काव्य बिम्ब है। वे इस तरह मिल लेते हैं जैसे कई-कई जनमों से एक दूसरे को जानते हों, कई-कई जनमों से एक-दूसरे की प्रतीक्षा कर रहे हों।

और जब मेले में पहुंचता है हीरामन तो हीराबाई को लेकर एक अपरिचित सपना

उसकी आंखों में बस चुका होता है। वही सपना हीराबाई के भीतर भी ज्योतिपुंज बनता है। चलत मुसाफिर मोह लियो रे पिंजरे वाली मुनिया।

जिंदगी के सारे रस पिंजरे वाली मुनिया के अधीन हो गए। हीरामन के संगी-साथी उसके गांव घर वाले गा रहे हैं मेले में–उड़ उड़ बैठी हलवइया दुकनियां / बरफी के सब रस ले लियो रे पिंजरे वाली मुनिया।

हीराबाई का प्रतिबिम्ब आईने में झलझलाता है।

क्या कहता है हीरामन!

टप्परगाड़ी में कंपनी की बाई! इतना बड़ा तो उन्होंने अपनी जिंदगी में कभी सपना तक नहीं देखा। सबसे ज्यादा भड़भड़ाया लालमोहर है। वह हीराबाई पर अपना असर डालने के लिए आमादा है। हीरामन उसे बेसी भचर भचर न करने का मशविरा देते हुए कहता है–'अपने घर-मुलुक का जमाना मत समझना लालमोहर। जो कोई बात सुनकर रह जायेगी। एक तो पच्छिम की–उस पर कंपनी–नौटंकी कंपनी। जरा सोचो।' हीरामन की बात पलटदास, धुन्नीराम, लहसनवा सभी को अच्छी लगती है लेकिन हक्का-बक्का वे भी हैं। वे तो चरण सेवा तक को लालायित हैं। हां, उनमें लालमोहर जैसी बेवकूफ हेकड़ी नहीं है। पलटदास लोमड़ी की तरह काइयां है तो भुन्नीराम घुन्ना पापी। हीराबाई का नाच देखकर वह आपा खो देता है। उसे बैलगाड़ी पर लादकर अस्पताल भेजा जाता है। लहसनवा तो है ही सेवक। वह लालमोहर के बजाय कम्पनी की जूतियां सहलाने लगता है। जोकर बाबू का संगसाथ और हीराबाई के कपड़े साफ करते समय उन वस्त्रों से निकलने वाली खुशबू का भी प्रसाद मिलता है चाकरी के साथ-साथ। ये साहिबान सारे के सारे हीराबाई की वासना में डूबे हुए हैं और अपने-अपने स्तर पर प्राप्तियों से संतुष्ट हैं और दूर रहकर हाथ सेंकने में यकीन रखते हैं। लालमोहर बड़ी औकात का आदमी है। कम से कम हीरामन से तो है ही। वह जमींदार की तरह हीराबाई को कुछ दिनों के लिए अपनी रखैल नहीं बनाना चाहता। वह तो बतलाना चाहता है कि हीरामन में क्या धरा है, लालमोहर का पावर उससे कहीं बहुत ज्यादा है। लालमोहर के लिए हीराबाई अपने कसबल के 'पावर' प्रदर्शन की वासना है। दलाल बिरजू से लेकर कंपनी मालिक और साथ की नाचनेवालियों तक के लिए हीराबाई एक उपकरण है। अपनी किसी अतृप्ति का उपकरण या अपने किसी शुभ रहित लाभ का उपकरण। किसी न किसी तरह हीराबाई सबके पापों को दुलार देने वाली गुड़िया है। ये हीरामन कैसा आदमी है जिसने मेरे जनम-जनम के पापों को दुलार दिया है। इन सभी पात्रों के बीच से गुजरती हुई कथा हर पल सिर्फ हीराबाई और हीरामन की प्रेमकथा बनी रहती है। नौटंकी का स्टेज आराधना स्थल बन जाता है। अपने साथियों के साथ हीरामन 'राम वन गमन की छापी' वाले पर्दे पर मुग्ध है। और... जीवन में पहली बार हीराबाई को आराधक दृष्टि का दीदार होता है। अपने नृत्य में ईश्वरत्व का अहसास होता है। कोई दृष्टि है जिसमें वह पवित्रता का प्रतिबिम्ब है। लाली लाली डोलिया में लाली रे दुलहनियां है।

यह पवित्र दृष्टि सौ-सौ सतवंतियों को मयस्सर नहीं है। जिसके नाम के सिंदूर पर

इतराया जाता है उनकी ही नज़र में बेहया होती हैं हजारहा सतवंतियां। और एक उसकी ओर उठी हुई नजर है जिसने हीराबाई जैसी सत्तर घाट का पानी पीने वालियां कही जाने वाली को देवी बना दिया। सचमुच की देवी। प्राण प्रतिमा।

सो अब आपको क्या बताऊं जो आप पूछती हैं कि भगवान जी से क्या मांगेंगे? अब तो बस उसी से मांगेंगे। तुम उसी के दिए मिल सकती हो।

क्या हीरामन को हीराबाई से और हीराबाई को हीरामन से कुछ कहने-सुनने की जरूरत है। ये कहने-सुनने की जरूरत तो दीदार के पहले मुहूर्त में ही गुम हो गई थी। हीरामन कब्जा नहीं करना चाहता हीराबाई पर। लाली लाली डोलिया की दुलहनियां को टप्परगाड़ी में ले जाते हुए शर्म से लाल हो गया था। हिन्दी सिनेमा के इतिहास में यह अद्‌भुत प्रेम दृश्य है। प्रणय की उभय प्रीति का ऐसा प्रीतिकर बिम्ब बम्बइया सिनेमा में विरल ही मिलेगा। राजकपूर और वहीदा रहमान ने हीरामन और हीराबाई की शख़्सियतों को धारण किया है। यहां अभिनय का कोई काम नहीं है। वहीदा रहमान हिन्दी सिनेमा की श्रेष्ठतम अभिनेत्रियों में हैं। उन्होंने यादगार किरदारों को अंजाम दिया है लेकिन 'तीसरी कसम' जैसी सादगी की ऊर्जस्विता एक 'प्यासा' के सिवा और कहीं नहीं है। 'प्यासा' में वे देह-व्यापार करने वाली पतिता की भूमिका में हैं और 'तीसरी कसम' में नौटंकी की बाई जी। इन दोनों की भूमिकाओं में उन्होंने आंचल तक नहीं सरकाया है। लेकिन उस मादक प्रणयानुभूति का सुगंध संसार जगाया है जिसकी कशिश आपादमस्तक अनावृत्त देहयष्टि की अनिन्ध्य प्रदर्शनी को अनुपलब्ध है। वहीदा संभवतः हिन्दी सिनेमा में सौन्दर्य और राग के मानसिक प्रस्फुटन की अन्यतम अभिव्यक्ति हैं। जिस छवि का आगाज़ शैलेन्द्र के ही शब्दों के द्वारा हुआ था–ज़ख़्मों से भरा सीना है मेरा, हंसती है मगर ये मस्त नज़र–वह शैलेन्द्र की ही 'तीसरी कसम' में शिखर स्पर्श करती है–ना कोई इस पार हमारा, ना कोई उस पार–सजनवा बैरी हो गए हमार। अभिनय की दृष्टि से राजकपूर की हृदयस्पर्शी उपलब्धि है–'तीसरी कसम'। ऐसे ही एक भोले-भाले इन्सान की भूमिका 'जिस देश में गंगा बहती है' में भी है राजकपूर की। पर गंगा की नाटकीयता से 'तीसरी कसम' अछूती है। गंगा में राजकपूर ने अपनी दुनियावी बेवकूफियों को अदायगी की बारीक चतुराइयों से साधा है–'तीसरी कसम' के हीरामन में काइयांपन विसर्जित है। वहां राजकपूर की अभिनय प्रतिभा किरदार को विश्वसनीयता प्रदान करती है। यहां राजकपूर की अभिनय प्रतिभा की क्षमता को सिद्धि मिलती है। अभिनयहीनता का परचम फहरानेवालों को 'तीसरी कसम' पर तवज्जुह करना मुनासिब होगा। इतने धूल-धूसरित नायक-नायिका हिन्दी सिनेमा में खोज पाना बहुत मुश्किल हैं। इनमें समूची दीनता नायकत्व हासिल कर लेती है। दीनबंधु ईश्वरत्व सार्थक होता है। मात्र इन दो पात्रों के बीच कविता की नाजुक तराश की तरह लहराती ज़िंदगी। छींट की सस्ती छाप वाली साड़ी में लिपटी हीराबाई उस सौन्दर्य की सृष्टि करती है जिसे आभूषणों की आवश्यकता नहीं होती। जिसके स्पर्श से आभूषण सार्थक होते हैं। नौटंकी के गीत-दृश्य इसीलिए जीवन्त यथार्थ बनते हैं फिल्मी तमाशे की जगह–और इसीलिए

यह राख में दबी हुई चिंगारी शोलों की लपट बनकर स्वाहा नहीं करती–खुद स्वाहा नहीं होती–मुहब्बत के दर्द की मानिन्द सुलगती है–इस दुनिया को थोड़ा और खूबसूरत बनाने की मासूम चाहत में–ना कुछ सी कोशिश में। जो किसी आधुनिकता के लिए अतीत नहीं होती।

इन दो मासूम प्रेमियों की कथा में चंद गौण पात्र भी हैं। विश्वा मेहरा ने छोटी-मोटी भूमिकाएं अनेक फिल्मों में की हैं। वे 'मामाजी' के नाम से बेहतर जाने जाते थे। वे राजकपूर के रिश्तेदार ही नहीं, उनके बेहद निकट थे और उनकी फिल्मों के अलावा परिचितों की अन्य फिल्मों में भी सहायक भूमिकाएं किया करते थे। इधर वे अरसे से रजतपट से नदारद हैं। उनकी एकमात्र यादगार भूमिका 'तीसरी कसम' में पलटदास की है। उन्होंने मूरख पंडत गाड़ीवान को साकार कर दिया। सिया सुकुमारी को अपनी चरणसेवा से प्रसन्न करने का उद्योगी पलटदास बहुत आसानी से मसखरे की तरह इस्तेमाल किया जा सकता था और ऐसा किया जाना सिनेमा पंडितों की राय में बुद्धिमानी होती पर यहां तो असित सेन जैसे पूरी तरह मैनरिज़्म के लिए इस्तेमाल किए गए हास्य अभिनेता की भूमिकाएं तक विरूपित हैं–खास तौर से जब वह नौटंकी के जोकर की भूमिका अदा कर रहा है। मैनरिज़्म का ऐसा विलोपन असित सेन के पात्रों में बिमलराय की फिल्मों तक में नहीं है। यहां असित सेन का हास्य सुई की तरह चुभोने के लिए इस्तेमाल किया गया है। पलटदास की हास्यास्पद मनोविकृति न कुत्सित घृणा उत्पन्न करती है और न फूहड़ हास्य–वह जीवन की सहज लालसा की कटु त्रासदी से लथपथ होती है। पलटदास के लिए हीराबाई से निकटता की सार्थकता चरणसेवा में भी है। अतृप्ति का दारुण अट्टहास जगा दिया है, विश्वा मेहरा ने इस दृश्य में। स्त्री से ललचाया स्त्री से अनभिज्ञ पलटदास उस अनुभव से अन्तः जाग्रत होता है। इस एक दृश्य से विश्वा मेहरा मरते दम तक हमारी आंखों में मौजूद रहेंगे। हीराबाई की निकटता महसूस करना पलटदास के कीर्तन की सार्थकता है। टप्परगाड़ी में पर्दे के पीछे सो रही हीराबाई और टप्परगाड़ी की निगरानी करते पंडत पलटदास। चरण देखते ही माता सिया सुकुमारी को पहचान गए और वे जब सामने आईं तो डर से भागते-भागते भी कह गए–माताजी, चरण सेवा! मैं सेवक आप सिया सुकुमारी। चरणों की सेवा! रिसा नहीं पाती हीराबाई। हल्के से मुस्कुराकर झिड़का हो जैसे–लगता है पलटदास को। चल, भाग यहां से, पगला–जैसे हीराबाई ने गुनगुनाया हो।

और लालमोहर की आशिकमिज़ाज़ी की गंवई अकड़ की बेवकूफी कृष्णधवन ने पूरी शिद्दत से अंजाम दी थी। उनके ऊपर चित्रित गीत–'चलत मुसाफिर मोह लियो रे पिंजरे वाली मुनिया'–सिर्फ अपने माधुर्य और लोकरंजक स्वरूप के लिए ही महत्वपूर्ण नहीं है–कथा की अन्तःसलिला को गतिमान करते हुए उसके सौन्दर्य को मिट्टी में बिखेरने की अनुभूति भी बनता है। हीराबाई का मेले की नौटंकी में आना एक घटना है। जिसे हीरामन सारी दुनिया की निगाहों से चुराकर ले आया है–उसके यहां सारे के सारे तमाशबीन हैं। वही है जो उसके बारे में कुछ नहीं जानता, सारी दुनिया उसके बारे में सब कुछ जानती

है। मेले के चप्पे-चप्पे में हीराबाई की ही चर्चा है। उसके रूप-रस-यौवन की खुशबू पूरे मेले में फैल चुकी है। रूप रस के लोभी। ज़मींदार ही क्या कहें जब अपना ही साथी लालमोहर भी! लालमोहर के चरित्र की नादानी इतनी सहजता से उभरी है कि न वह खलनायक बनता है, न मसखरा। वह एक देहाती भुच्च की प्रतिमूर्ति निरूपित होता है।

प्रमुख दो भूमिकाओं के अतिरिक्त अन्य भूमिकाओं के लिए उस समय के प्रसिद्ध चरित्रनायकों, खलनायकों, कॉमेडियनों का उपयोग 'तीसरी कसम' में नहीं किया गया। सी.एस. दुबे, इफ्तखार, विश्वा मेहरा, कृष्ण धवन, असित सेन, पाछी, दुलारी, ए.के. हंगल, केष्टो मुकर्जी आदि अपेक्षाकृत कम परिचित और कम चटख अभिनेताओं को सहायक भूमिकाओं के लिए चुना गया। धुन्नीराम, लहसनवा और शराबी फटेहाल ज़मींदार की भूमिकाओं को निबाहने वाले कलाकारों के नाम हम नहीं जानते। संभवतः लहसनवा का चरित्र परदेसी और फटेहाल जमींदार का चरित्र नवेन्दु घोष ने निबाहा था और समर चटर्जी थे धुन्नीराम। पर ये हमारे अनुमान हैं। विशेष रूप से बिमलराय की फिल्मों के पटकथा लेखक नवेन्दु घोष, जिन्होंने 'तीसरी कसम' की पटकथा भी लिखी है उन्होंने बिमलराय की सभी फिल्मों में छोटी-छोटी भूमिकाएं की हैं और 'तीसरी कसम' में भी वे हैं। तो यह एक दर्शक का अनुमान है कि वे ही नवेन्दु घोष फटेहाल ज़मींदार बने हैं। अदाकार अपनी छवि को किसी किरदार पर नहीं लाद सका। उनकी इयत्ता महज इस प्रेमकथा के प्रवाह को उनसे वांछित गति देकर उसी में विलीन हो जाना है। मूलकथा के समानान्तर या उसके दायें-बायें कोई अन्य कथा प्रवाहित नहीं होती। किसी कलाकार की प्रतिभा का चस्पा किया गया कोई 'आइटम' तीसरी कसम में नहीं है। उसी फार्मूला फिल्मों की मूलधारा में, उसी के उपकरणों से और उसी के स्वीकृत ढांचे में शैलेन्द्र ने जो फिल्म बनाई थी–उसमें किसी फार्मूले के लिए कोई जगह नहीं थी। जहां गुरुदत्त और राजकपूर अपनी फिल्मों के गीतों के चित्रांकन की श्रेष्ठता के शिखर हैं, वहां 'तीसरी कसम' गीतों की कथा के साथ सहज अन्विति की प्रतीक। गीत भी कथा की सहजता के साथ सफर करते हैं। 'लाली लाली डोलिया में लाली रे दुलहनियां' का चित्रांकन समूचे सिनेमा में एकमेव है। नवरस परिपाक की विलक्षण मिसाल है यह। हास्य–विस्मय– उत्कंठा–संकोच–उछाह–मिलन–आशा–निराशा–वियोग आनंदोत्सव में समेकित है। नितान्त अपरिचित छवियां सहजता की विश्वसनीयता बनतीं–एक जीवन गीत सजाती हैं–लाली लाली डोलिया में लाली रे दुलहनियां / पिया की पियारी भोली-भाली रे दुलहनियां / दूल्हे राजा रखना जतन से दुल्हन को / कभी न दुखाना तुम गोरिया के मन को / नाजुक है नाजों की है पाली रे दुलहनियां–तेरी सब रातें हो दीवाली रे दुल्हनियां!–जैसे मृत्युलोक में भटक गए नारायण अपनी महामाया को डोली में ले जाते हुए–हीराबाई वही प्राणवल्लभा है–अनादि, अनिन्द्य–हीराबाई को हीरा होने का सौभाग्य मिला है–अनुराग की निर्मल ज्योति ने तपस्विनी की दीप्ति दी है हीराबाई को इस महामिलन में–नवपरिणयलज्जाभूषणा तत्र गौरीं...

जीवनोत्सव संपूर्ण कोष है–अनावृत्त है–प्राप्तियां निःशेष हैं–वियोग स्मृति का

आनन्द है, जिस पर मिलन भी न्यौछावर है–जुदाई भी तब क्यूंकर समादृत नहीं होगी।

नौटंकी जैसी अदायगी में भी भरे भुवन में नैनन ही सों बात होगी–तेरी बांकी अदा पे मैं खुद हूं फिदा–अपनी चाहत को दिलवर बयां क्या करूं–यही ख़्वाहिश है तुम मुझको देखा करो–और दिल-ओ-जां से मैं तुझको देखा करूं।

'तीसरी कसम' के तकनीकी कौशल की ओर बहुत कम नज़र गई है। वातावरण की संश्लिष्टता को छायाचित्रों के श्वेत-श्याम प्रकाश संयोजन के द्वारा नाटकीयता के स्पर्श से मुक्त किया गया है। छवियां बाह्य अभिज्ञान में ऐसा बहुत कुछ छोड़ती हैं जिसका विस्तार भोक्ता के अन्तर्मन में अपरिहार्य है। वे रूप ही ग्रहण नहीं करतीं, संदर्भ भी बनती हैं। 'तीसरी कसम' के छायांकन में गहरी बारीकियां हैं तकनीक की–प्रदर्शनकारी छिछोरापन नहीं है। गुरुदत्त और बिमलराय की परम्परा में एक सुदृढ़ कड़ी है 'तीसरी कसम' जिसमें तकनीक को कथा की काव्यात्मकता का उपकरण बनाया गया है।

हीरामन गांव से खाने-पीने का सामान लेकर लौटा है। हीराबाई टप्परगाड़ी में सोई हुई है। उसके घुटने तक खुले एक पैर पर पेड़ के पत्तों से छनकर झर रही प्रकाश की चंचल किरणों में जगमगाती एक चींटी और उसे बेहद आहिस्ता से हटाने की कोशिश में हीरामन कि हीराबाई की नींद में खलल न पड़े–इस दृश्य के संयोजन में प्रभावोत्पादकता का शिखर संधान छायाकार और संपादक के अत्यन्त निपुण अवदान का वरदान है।

'तीसरी कसम' का कला निर्देशन, संपादन, ध्वनि अंकन और छायांकन अत्यन्त उत्कृष्ट है। कथा के वातावरण को साकार करने और उसकी भावनात्मक मंथर लयात्मकता को अविरल प्रवाह देने में तकनीकी कुशलता का श्रेष्ठ विनियोग हुआ है। कहीं कोई तकनीकी झटका नहीं है। एक दृश्य दूसरे में अकसर इस तरह घुल-मिल जाता है कि परिवर्तन अलक्ष्य होता है। एक अनवरत यात्रा कई स्थिर चित्र मानस पटल पर अंकित करते हुए। सो तकनीक का महत्व साधन की सीमाओं में आबद्ध है–वह अभिव्यक्ति के आलोक में विलीन होने के ही निमित्त है।

बासु भट्टाचार्य निर्देशित यह फिल्म–जो उनके निर्देशन में बनी पहली फिल्म है–हमारी दृष्टि में उनके संपूर्ण कैरिअर की सर्वश्रेष्ठ फिल्म भी है। निर्माता के रूप में शैलेन्द्र 'तीसरी कसम' के लिए सिर्फ धन नहीं जुटाते–अपना रक्त-स्वेद और संवेदनाओं का आहत संसार भी अर्पित करते हैं। वे फिल्म निर्माता को एक फाइनेन्सर के गढ़े से निकालकर रचनात्मक हैसियत का अपरिमित आकाश देते हैं। वे 'तीसरी कसम' का मानस गर्भ धारण करते हैं और उसका रेशा-रेशा अपने सपनों की ख़्वाहिशों से बुनते हैं। उन्होंने राजकपूर को 'आह'–'बूट पालिस' और 'जागते रहो' के साथ 'जिस देश में गंगा बहती है' में भी निर्माता के रूप में बहुत निकट से देखा था। इनमें से किसी के निर्देशक राजकपूर नहीं हैं–पर ये तब भी–सबसे पहले राजकपूर की फिल्में हैं। यदि 'जागते रहो' शंभू मित्रा और अमित मित्रा ने किसी अन्य निर्माता के लिए निर्देशित की

होतीं, उसमें राजकपूर के नायक के रूप में मौजूद रहते हुए भी वे उन अनेक गीतों से बचते जो 'जागते रहो' में मौजूद हैं। खास तौर से मोतीलाल पर चित्रित गीत–'जिंदगी ख़्वाब है' और शायद–'कि झूठ बोलयां' भी नहीं होता। अन्त भी उस तरह गहन भावनात्मक नहीं होता। यह राजकपूर का निर्माता व्यक्तित्व था जिसने निर्देशकों को यथार्थ में संवेदना का रागामृत घोलने को प्रेरित कर दिया था। इसी तरह 'आह'–'बूट पालिस' और 'जिस देश में गंगा बहती है' के निर्देशक भले ही राजा नवाथे, प्रकाश अरोरा और राधू कर्मकार हों, लेकिन ये राजकपूर की मानस रचनाएं भी हैं। इनका गठन राजकपूर के दृष्टिपथ पर हुआ है। जैसे राजकपूर ने परकाया प्रवेश कर लिया हो।

ठीक इसी तरह 'तीसरी कसम' में निर्माता के रूप में शैलेन्द्र की उपस्थिति है। शैलेन्द्र 'तीसरी कसम' की गहन भावनात्मक तरलता के अखंड प्रवाह को कहीं बाधित नहीं होने देते। वे अपने मनस्संसार की गहरी निजता के साथ बासु भट्टाचार्य के अन्तर्जगत में प्रवेश करते हैं। वे भावना के एक संस्पर्श की मादकता से आल्हादित संपूर्ण जीवन की करुणा की सार्थकता का प्रेमगीत 'तीसरी कसम' रचते हैं–अपनी रचनात्मकता की तृप्ति का आनन्द–अपनी ही बलि देकर भी प्राप्ति करते हैं। यहां हम इस रस प्रसंग में उन विडम्बनाओं के उल्लेख में नहीं जाना चाहते। इसलिए भी कि वे भले ही बहुवर्णित हैं–शैलेन्द्र और बासु के बीच उभरे वे गंभीर मतभेद जिन्होंने निर्माता के रूप में शैलेन्द्र के लिए बड़ी मुश्किलें पैदा कीं।

यह ठंडी आग का पला जुनून है। उसमें झुलसाने वाली लपटें नहीं हैं। इसमें करुण तारल्य का आह्वान है–जो मानव मन में दुबका हुआ है–बड़प्पन के बोझ से, झपट लेने के उन्माद से, चाहतों के जंजाल से।

शैलेन्द्र के लिए भी रचना का जुनून गुरुदत्त से उन्नीस नहीं था। गुरुदत्त के पास फिल्मकार का विराट आसमान था और शैलेन्द्र की संपदा महज़ शब्दों से ढले गीत। पर इस गीत को 'तीसरी कसम' में सिनेमा की समूची शख़्सियत बना दिया। इसकी ठंडी आग कुर्बान होकर भी :

दे दे के ये आवाज कोई हर घड़ी बुलाए
फिर जाए जो उस पर कभी लौट के न आए
है भेद ये कैसा–कोई कुछ तो बताना
ओ जाने वाले हो सके तो लौट के आना

और ये भेद कभी कहीं कोई किसी को नहीं बतला पाया–ये वो खुद ही बखूबी जानता है–मैं नदिया फिर भी मैं प्यासी / भेद ये गहरा–बात जरा सी।

ज़िन्दगी की जीत में यकीन

किशोरवय के यौवन में पहला कदम रखते ही शैलेन्द्र काव्य-संसार में गहरे उतर गये थे। महज़ उन्नीस-बीस की उम्र में उनकी कविताएं काव्य रसिकों के हृदय में अपनी खास जगह बनाने लगी थीं। चेतना से वामपंथी शैलेन्द्र की रचनाएं 'हंस' और 'जनयुग' जैसी प्रगतिशील पत्र-पत्रिकाओं में प्रकाशित होने के साथ ही कवि सम्मेलन के मंचों पर श्रोताओं को मंत्रमुग्ध करने लगी थीं। यह एक तरह से आज़ादी की पूर्व संध्या और फिर सुप्रभात का समय था। 1943 से 1950 के बीच शैलेन्द्र हिन्दी काव्य जगत में पूरी तन्मयता के साथ सक्रिय रहे।

इस दौर में सांस्कृतिक-राजनीतिक चेतना के उन्नयन में इप्टा (इंडियन पीपुल्स थियेटर एसोसिएशन) की अत्यन्त महत्वपूर्ण भूमिका रही है। 1946 में ख़्वाज़ा अहमद अब्बास ने 'धरती के लाल' जैसी यथार्थवादी क्लासिक फिल्म का निर्माण इप्टा के

कलाकारों के सहयोग द्वारा किया था। खुद अब्बास साहब भी इप्टा के महत्वपूर्ण स्तम्भों में एक थे। फिल्म जगत में अब्बास के अतिरिक्त बलराज साहनी, चेतन आनन्द, भीष्म साहनी, प्रेमधवन आदि इप्टा के साथ मजबूती से जुड़े रहे। अपनी विचारधारा और जीवनशैली के नज़दीक पाकर शैलेन्द्र भी इप्टा की गायन मंडली में शामिल हो गये। शीघ्र ही वे इस मंडली के सर्वप्रमुख स्वयमेव हो गये। उनकी प्रतिभा ने उनके लिए स्वतः मार्ग बना दिया। शैलेन्द्र के पूर्व प्रेमधवन इप्टा से जुड़े हुए थे। वे गायन मंडली का नेतृत्व किया करते थे। शैलेन्द्र के नेतृत्व में भीष्म साहनी ने भी गायन मंडली में शामिल होकर इप्टा के मंचों से गीतों की प्रस्तुतियां की थीं।

सामाजिक-सांस्कृतिक-राजनीतिक परिस्थितियों की जड़ तक जाकर निर्द्वन्द्व विचार अपने गीतों में प्रस्तुत करने की अद्भुत क्षमता ने शैलेन्द्र को श्रोताओं और पाठकों में अत्यन्त लोकप्रिय कर दिया था। साम्प्रदायिक एकजुटता, मजदूर किसानों का संघर्ष, देश-प्रेम, समानता की भावना, शोषक समुदाय की स्पष्ट पहचान और शोषित समाज से गहरे जुड़ाव से अद्भुत सकर्मक आक्रोश उनके काव्य के खास उपादान हैं। वे अपनी कविता के माध्यम से देश के रहनुमाओं को चेतावनी देते हैं, दिशा निर्देश भी करते हैं। चौबीस साल के नवयुवक शैलेन्द्र को आजादी का सुप्रभात आलोकित नहीं करता। 1947 से 1950 के दौरान लिखी गई कविताओं में वे उन अंधेरों को रेखांकित करते हैं जो आजादी के उजाले को चंद लोगों की जागीर बनाकर दम लेंगे। शैलेन्द्र का वह अभिज्ञान पचास-पचपन साल बाद आज और अधिक स्पष्टता से प्रकाशित हो रहा है। उन्होंने जिन दुखती रगों पर अंगुली रखी थी वे आज भारतीय समाज की विडम्बनाएं बनकर आहत कर रही हैं। उन्होंने तब सवाल किया था–'इन बनियों और लुटेरों को क्या सरकारी कंसेशन है?' और स्पष्ट कहा था–'रह गयी गुलामी बरकरार हम समझे अब छुटकारा है।'

शैलेन्द्र 1949 में लिखी गई अपनी कविता 'अन्दर की यह आग' में आजादी के ढोल की पोल उजागर करते हुए लिखते हैं–'वही नवाब, वही राजे, कोहराम वही है / पदवी बदल गयी है किन्तु निज़ाम वही है / थका हुआ मजदूर वही दहकान वही है / कहने को भारत पर हिन्दुस्तान वही है।'

वे बग़ैर किसी लागलपेट के आजादी के नाम पर सत्ता के हस्तांतरण को पहचान रहे थे और उसे अभिव्यक्ति भी दे रहे थे–'छापा बदला किन्तु वही सिक्का ढलता है / घटे पौण्ड की पूंछ पकड़ रुपया चलता है'। इसलिए उनका निश्चित मत था कि यह कोरी आजादी जनता के सपनों को साकार करने में असमर्थ है। फ़र्क सिर्फ इतना है कि गोरों की जगह काले शासक बन गये हैं। पर रीति और नीति वही है। वर्ना क्या अपनी ही सरकार अपने ही लोगों पर गोली चलवाती? इसलिए यह उनकी स्पष्ट धारणा है कि बग़ैर सामाजिक क्रान्ति के वास्तविक स्वतंत्रता संभव ही नहीं है। वे इसे 'कोरी' आज़ादी कहते हैं जिसमें ब्रिटिश सरकार की ही भांति सेठों और शासकों की मिलीभगत से निरीह जगत का शोषण अनवरत जारी है–'तुम सेठों के संग पेट जनता का काटो /

तिस पर आज़ादी की सौ सौ बातें छांटो / हमें न छल पायेगी ये कोरी आज़ादी।'

आज़ादी का फरेब उनके अन्तर्मन को जकड़ने में असमर्थ था। 1948 में 'भगतसिंह से' शीर्षक कविता में कहते हैं–'भगतसिंह इस बार न लेना काया भारतवासी की / देशभक्ति के लिए आज भी सजा मिलेगी फांसी की'। इतना ही नहीं, वे तो यहां तक मानते हैं कि झांसी की रानी लक्ष्मीबाई यदि फिर अवतरित हों तो उन्हें आज़ाद भारत में हथकड़ियां लगा दी जायेंगी। इसलिए कि आज़ाद भारत में नेताओं के प्रतिमान बदल गये हैं। वे अपने संघर्षों को भुनाने में मशगूल हैं। देश की नहीं, अपनों और अपने स्वार्थों की चिन्ता सर्वोपरि हो चुकी है।

हम देखते हैं कि शैलेन्द्र अपने समय की नब्ज़ खूब पहचानते हैं। आज़ादी के छप्पन साल बाद भी देश के विभाजन का ज़ख़्म भरा नहीं है। खतरनाक बात यह है कि देश का विभाजन साम्प्रदायिक आधार पर हुआ था और वह साम्प्रदायिकता का ज़ख़्म अब नासूर बन चुका है। पिछले पचास साल में जितनी जानें युद्धों में गई होंगी उससे अधिक साम्प्रदायिकता की अंधी ज्वाला में भस्म हो चुकी हैं। भारत और पाकिस्तान दोनों देशों के रचनाकारों ने विभाजन की त्रासदी को अपनी रचनाओं में अभिव्यक्ति दी और यह सिलसिला अनवरत जारी है। जिस तरह सआदत हसन मंटो की छोटी सी कहानी 'खोल दो' विभाजन की विभीषिका की जघन्यतम पाशविकता चंद शब्दों में बेनकाब करती है, वही क्षिप्रता और तीक्ष्णता शैलेन्द्र की इन चार पंक्तियों में भी मौजूद है–'खुली हमारी आंखें जब ये जमीं बिक चुकी / चिर कटार से निज स्वदेश की देह बंट चुकी / अपना भाई सुहृद पड़ौसी गैर / खोद हमारे आंगन दुश्मन बैर बो गया।' यह बोया गया बैर का बीज अब विषवृक्ष बन चुका है और आजाद भारत और पाकिस्तान लगातार इस हवन कुंड में धन और जन की समिधाएं अर्पित किए जा रहे हैं।

शैलेन्द्र की चेतना श्रमजीवी मानवीय समाज के साथ ही अपनी संगति बैठा सकती थी। वे विद्रोही स्वर के साथ आस्थावान कवि हैं। मनुष्य की संघर्ष चेतना और जिजीविषा में उनका गहन विश्वास है। इसीलिए एक ओर उनके भीतर मेहनतकश अवाम के लिए गहरी संवेदना का भाव है, वहीं दूसरी ओर देश के पहरुओं के लिए चेतावनी और चुनौती का स्वर है। इस चेतावनी में भी हृदय की सच्चाई है, कटुता का भाव नहीं। अशालीनता उनके व्यंग्य में भी नहीं है। वे नवनिर्माण की भावना से अनुप्राणित हैं, विध्वंस उनका लक्ष्य नहीं। 1948 में लिखी गई 'नेताओं को न्यौता' उनकी अत्यन्त प्रसिद्ध कविता है। इस कविता में वे देश के अवाम की असली हालत का मर्मभेदी चित्र खींचते हुए नेताओं को आमंत्रित करते हैं धारावी की चालों में जहां लोग पशुओं से भी बदतर जीवन जीने के लिए अभिशप्त हैं। नेताओं को न्यौता देते हुए वे स्पष्ट करते हैं कि जनता का उनसे मन हटता जा रहा है। जनता समझ चुकी है कि नेताओं की शोषकों से मिलीभगत है। उसके बावजूद ये लोग जोशीले हैं–'अशिष्ट' नहीं हैं। इसलिए तुम्हारे आगमन पर वे तुम्हारा सम्मान ही करेंगे और कोई ऐसी बात नहीं करेंगे जिससे दूसरों को बदनामी करने का मौका हाथ लगे। पर नेताजी को भी आगाह करने से नहीं चूकते–'हां, इस बार उतर गाड़ी से, बैठ कार पर

/ चले न जाना छोड़ हमें बिड़ला जी के घर।'

'मेरी अभिलाषा' शीर्षक कविता में वे वस्तुतः अपनी अभिलाषा के प्रस्तुतीकरण के बहाने कविकर्म की सार्थकता का ही निरूपण करते हैं। यहां यह स्पष्ट होता है कि कवि जनता से जुड़कर ही अपने रचनाकर्म को सार्थक कर सकता है। इस मिट्टी से मुहब्बत कर इस मिट्टी के ही गुण गाने में कविता की सार्थकता हो सकती है–'सुनसान उनींदी रातों में जो गीत सुनाती है दुनिया / मैं उसको ही दोहरा जाऊं / कुछ नये स्वरों में गा जाऊं / बस मेरी यही अभिलाषा है।'

इसलिए कि शैलेन्द्र जीवन सौन्दर्य के कवि हैं। उत्साह और जीवंत चेतना के कवि हैं। उस उद्दाम वासना के कवि हैं जो जीवन की पराजय स्वीकार कर ही नहीं सकता। वे धरती की धड़कनों को आत्मसात् करने वाले रचनाकार हैं–वह धरती जो मानव से पुकार-पुकार कर कहती है कि–'तू आ मेरा सिंगार कर, तू आ मुझे हसीन कर!' वे जुल्म-ओ-सितम के अंधेरों से विचलित हो जाने वाले नहीं हैं। उनका दृढ़ विश्वास है कि अन्ततः ज़िन्दगी की ही विजय होती है। इन्सानियत का दामन दागदार करने वालों की पराजय सुनिश्चित है–'तू ज़िन्दा है तो ज़िन्दगी की जीत में यकीन कर / अगर कहीं है स्वर्ग तो उतार ला ज़मीन पर / ये ग़म के और चार दिन, सितम के और चार दिन / ये दिन भी जायेंगे गुजर, गुजर गये हजार दिन।'

आजादी के सपनों और आजादी की वास्तविकता के फर्क को शैलेन्द्र बहुत स्पष्ट महसूस कर रहे थे। बड़े उद्योगों के नाम पर कुटीर उद्योगों का विनाश, नेताओं की कथनी और करनी का फर्क, जातीयता का उभार, गरीबों और अमीरों के बीच और गहरी होती खाई, बढ़ती हुई बेरोजगारी आदि सब कुछ उनकी आंखों के सामने अपनी पूरी तीव्रता के साथ मौजूद था। उसे वे अपनी भावबोध की भट्ठी में तपाकर दिल में उतर जाने वाले शब्दों में प्रस्तुत करते थे । 'तार सप्तक' के अपने कवि वक्तव्य में सच्चिदानन्द हीरानन्द वात्स्यायन अज्ञेय ने लिखा है–'शब्द का ज्ञान–शब्द की अर्थवत्ता की सही पकड़ ही–कृतिकार को 'कृती' बनाती है'–यह बात शैलेन्द्र की कविताओं में पूरी तरह चरितार्थ होती है। उनकी कविताएं इसीलिए सरल और सहज प्रतीत होती हैं। उनकी यथार्थवादी चेतना शब्दों की अर्थवत्ता की सही पकड़ के कारण ही हृदयों को उद्वेलित करने में समर्थ होती है। वहां शब्दजंजाल नहीं, शब्द सामर्थ्य है– 'आर्त्त, तृषित भूखे नंगों का भैरव है यह भैरव / ज्वाला है यह ज्वाला / युग बैरी उस क्रूर कंस के छल प्रपंच को / भस्मसात करने को उद्यत / जनजागृति के नवप्रभात की ज्वाला है ये ज्वाला।'

शैलेन्द्र साहित्यिक समाज की गतिविधियों से असंपृक्त कभी नहीं रहे। वे कवि सम्मेलनों में भी यथासंभव शिरकत करते रहे। कवि सम्मेलनों में उनके गीत न केवल समां बांध देते थे, अपितु जनता के दिलोदिमाग में घर भी कर लेते थे। नागार्जुन और फणीश्वरनाथ रेणु से उनकी गहरी व्यक्तिगत मित्रता थी। नागार्जुन ने उनके निधन पर काव्यांजलि अर्पण करते हुए लिखा था–

सच बतलाऊं तुम प्रतिभा के ज्योतिपुत्र थे, छाया क्या थी।
भलीभांति देखा था मैंने, दिल ही दिल थे, काया क्या थी।।
जन मन जब हुलसित होता था, वह थिरकन भी पढ़ते थे तुम।
साथी थे, मजदूर पुत्र थे, झण्डा लेकर बढ़ते थे तुम।।
युग की अनुगुंजित पीड़ा ही घारे घन घटा सी गहराई।
प्रिय भाई शैलेन्द्र, तुम्हारी पंक्ति-पंक्ति नभ में लहराई।।

रेणु शैलेन्द्र की रचनात्मकता से तो अभिभूत थे ही, वे उनकी मृत्यु के लिए भी स्वयं को जिम्मेदार मानते थे। न 'तीसरी कसम' पर फिल्म बनाते, न उसके बोझ से दबकर अल्पायु में कालकवलित होते। पर इसके साथ यह भी सत्य था कि शैलेन्द्र को शराब या कर्ज ने नहीं मारा, बल्कि वह एक धर्मयुद्ध लड़ता हुआ शहीद हो गया। शैलेन्द्र ने फणीश्वरनाथ रेणु को पत्र में लिखा था–'...सब भाग गए, अपने-पराए, दोस्त-यार। यहां तक कि 'तीसरी कसम' को पूरा करने का श्रेय शायद मुझ अकेले को मिले। रोऊं या खुश होऊं कुछ समझ में नहीं आता। पर 'तीसरी कसम' पर मुझे नाज़ रहेगा, पछतावा नहीं।' जिस साहित्य जगत ने शैलेन्द्र के कृतित्व को रत्ती-भर नहीं पहचाना, उसी साहित्य चेतना को वे फिल्मों में रहते हुए भी क्षण-भर नहीं भूले। जब उन्होंने अपनी फिल्म का निर्माण किया तब विषय-वस्तु के रूप में साहित्य कोष से ऐसा नायाब लोकसिद्ध रत्न चुना जिसका चित्रांकन किसी कविहृदय के द्वारा ही संभव था।

कर्मठता शैलेन्द्र के जीवन का बीज तत्त्व था। कर्म की यही तन्मयता उनको विपरीत परिस्थितियों में भी भावनात्मक संबल प्रदान करती थी। वे जीवन संघर्ष से जूझने वाले सचेतन व्यक्तित्व थे। शब्दों का सही चुनाव, उनके प्रयोग में मितव्ययिता, वैचारिक परिपक्वता, आवेश विमुखता से प्रसूत भावनाओं के जटिल उच्छ्वासों की सहज प्रस्तुति, सघन संरचना और जीवन की विडंबनाओं की सांघातिक परिस्थितियों का सकारात्मक परिप्रेक्ष्य में साहस के साथ मुकाबला करने का हौसला उनके काव्य में मौजूद है–'समय कहता, और ही कुछ आज ये संसार होता / जागरण के गीत के संग लोक यदि जगता / कर्तव्य कहता जोर से झकझोर, तन को और मन को / चल, बढ़ा चल / मोह कुछ और ज़िंदगी का प्यार है कुछ और।' (आज, 1947)

शायद शैलेन्द्र यह भली प्रकार जानते थे कि कवि की उपेक्षा की जा सकती है, कविता की शक्ति की नहीं। इसीलिए आज उनकी मृत्यु के कोई चार दशक बाद उनके काव्य की उपेक्षा के प्रति गहन पश्चात्ताप का भाव प्रखर साहित्यकारों और आलोचकों में भी देखा जा सकता है और वे पूरी श्रद्धा तथा सम्मान के साथ उनके साहित्यिक अवदान का समादर करते हैं।

भीष्म साहनी

शैलेन्द्र अपने अंतस्तल से उठने वाली उत्कट भावनाओं को, जीवन से अथाह प्रेम, अपने देश से अथाह प्रेम, अपने देशवासियों के सपनों-आकांक्षाओं को वाणी देते हुए

हमारे लिए गीतों की अमूल्य निधि छोड़ गए हैं। हमारे सुविख्यात कथाकार रेणु ने उन्हें 'कविराज' की जो उपाधि दी थी, वह सर्वथा सही है।

कमलेश्वर

अपनी मूल और आधारभूत चेतना में शैलेन्द्र श्रमजीवी, मानवतावादी और लोकधर्मी थे। ऐसे अनेक गीत हैं जो कि आज गीत से ज़्यादा हर एक की जुबान पर चढ़ी हुई कहावतों की तरह लगते हैं और इन कहावतों में होता है ज़िंदगी का फ़लसफ़ा और समाज का दुःख-दर्द और दर्शन। दर्शन भी वह जो सीधे तौर पर आम आदमी की ज़िंदगी और तहज़ीब से ताल्लुक रखता है। यही ताल्लुक उन्हें सर्वकालिक बनाता है।

कैफ़ी आज़मी

1948 में उन्होंने 'नेताओं को न्यौता' एक नज़्म लिखी जो बेहद पापुलर हुई। इसमें उन्होंने मेहनतकश मजदूरों की ज़िन्दगी को बड़ी सादा जुबान में पेश किया। इसमें उन्होंने नेताओं के ऐश-ओ-आराम और दोगलेपन का भी पर्दाफाश किया है। इसे प्रोग्रेसिव लिटरेचर का एक खास दस्तावेज कहा जा सकता है। जब इन्हें 'इप्टा' के कार्यक्रमों में शामिल या फिल्मों के लिए गीत लिखने में 'डेट्स' की समस्या होती तो वे इप्टा को ही तरज़ीह देते थे क्योंकि वे कवि थे, मेहनतकश मजदूरों के सच्चे हमदर्द और साथी।

डॉ. कन्हैयालाल नंदन

शैलेन्द्र के अधिकांश गीत साहित्य की कसौटी पर खरे उतरते हैं। उनके गीतों में लोकतत्त्व एवं जनवादी पक्ष अधिक मुखरित हुआ है। 'नेताओं को न्यौता' शीर्षक से लिखी गई लम्बी कविता में उन्होंने सर्वहारा वर्ग की भावनाओं को, सामाजिक विषमता और विकृतियों को बहुत मार्मिकता एवं निर्भीकता से अभिव्यक्त किया है। मेरा मानना है कि फिल्मों में जो साहित्य गीत लिखे गए उन पर शोधकार्य होना चाहिए।

निदा फ़ाज़ली

शैलेन्द्र ने फिल्मी गीतों (जो किसी साहित्य से कमतर नहीं हैं) के साथ-साथ गैर-फिल्मी रचनाओं के द्वारा साहित्य की सेवा की है। 'न्यौता और चुनौती' इसकी मिसाल है। लेकिन यह अफ़सोस की बात है कि हिन्दी साहित्य और साहित्यकारों ने शैलेन्द्र का मूल्यांकन नहीं किया।

डॉ. बुद्धिनाथ मिश्र

अकेले शैलेन्द्र ने हिन्दी जगत के होंठों पर इतने स्तरीय, साहित्यिक और अमर गीत रचे जितने समकालीन सभी साहित्यिक गीतकारों ने मिलकर भी नहीं दिए होंगे। इसके

बावजूद शैलेन्द्र की गणना हिन्दी के मूर्धन्य कवियों में नहीं की गई। उनका कोई गीत पाठ्यक्रम में नहीं रखा गया। यह एक बहुत बड़ी साहित्यिक त्रासदी है।

प्रो. हरिमोहन

सुप्रसिद्ध फिल्म गीतकार शैलेन्द्र ऐसे प्रगतिशील कवि थे, जिन्होंने फिल्मों में गीत लिखना साहित्य की गरिमा के क्षरण की शर्त पर स्वीकार नहीं किया, बल्कि उन्होंने जो गीत लिखे वे साहित्य की उत्कृष्ट धरोहर हैं। यद्यपि उनके जीते-जी आलोचकों ने उन्हें कवि स्वीकार नहीं किया। शैलेन्द्र की कविताओं और गीतों में प्रगतिशील मूल्यों का बहुत साफ और संतुलित कलात्मक अंकन है। मानवीय संवेदनाओं की जैसी पकड़ उनको थी, वैसी बहुत कम कवियों में होती है। सर्वहारा वर्ग के जीवन को जिस संवेदना के साथ उन्होंने अपने गीतों और कविताओं में वाणी दी, वह अद्वितीय है।

डॉ. गिरिजा शंकर त्रिवेदी

उन्हें हिन्दी के साहित्य संसार ने कवि रूप में भले ही स्वीकार न किया हो, पर उनके गीतों की सहजता आज भी जनता को सम्मोहित करने में प्रथम स्थान पर है। उनके देशभक्ति और राष्ट्रप्रेम के गीतों ने ही उन्हें अमरता प्रदान की है।

डॉ. पद्मनाभ जोशी

शैलेन्द्र के गीतों में सिर्फ़ अन्यायी समाज व्यवस्था के खिलाफ आक्रोश ही नहीं था, उनके गीतों में प्रेमियों के प्रेम की भावना थी, सृष्टि प्रेम था और देशप्रेम था।

आचार्य डॉ. विष्णुदत्त राकेश

शैलेन्द्र की रचनाओं में अन्याय, विषमता और शोषण, उत्पीड़न के विरुद्ध आक्रोश है। राष्ट्र के लिए आत्मोत्सर्ग की भावना है, स्वार्थी नेतृत्व के प्रति प्रताड़ना है तथा किसान, मजदूर और मेहनतकश लोगों के अधिकार के लिए संवेदना है। उन्होंने जैसा जीवन जिया, देखा और समझा–वैसा लिखा। लेखन उनके प्रतिबद्ध विचारों का प्रतिफल था।

अरविन्द कुमार

भारत में बौद्धिक मार्क्सवाद को हार्दिक सूफीवादी जामा पहनाने का काम शैलेन्द्र ने किया। एक हद तक हम शैलेन्द्र को आधुनिक कबीर कह सकते हैं। बड़ी से बड़ी दार्शनिक बात साधारण से शब्दों में आम आदमी तक पहुंचाने की जो खूबी कबीर में थी, वही हमारे युग में शैलेन्द्र में थी। शैलेन्द्र हिन्दी फिल्मों के जरिए देश को मिला वरदान थे।

ये सभी उद्धरण डॉ. इन्द्रजीत सिंह द्वारा संपादित पुस्तक 'जनकवि शैलेन्द्र'

(अमृत पब्लिशिंग हाउस, नई दिल्ली) में संकलित इन रचनाकारों के आलेखों से दिए गए हैं। प्रस्तुत पुस्तक का एक लेख 'पिंजरे वाली मुनिया का आनंदलोक' भी डॉ. सिंह की उपर्युक्त पुस्तक में संकलित है। हम देखते हैं कि आज अनेक कवि, लेखक, आलोचक हिन्दी साहित्य की मतलबी बाड़ों को तोड़ने के लिए कृतसंकल्प हैं और वर्तमान की सरगोशियां निश्चित ही निकट भविष्य में कृतित्व की सामर्थ्य को प्रतिष्ठित करेंगी।

यहां शैलेन्द्र की कुछ गैर-फिल्मी कविताएं प्रस्तुत की जा रही हैं। शैलेन्द्र की कविताओं का एकमात्र छोटा-सा संकलन (न्यौता और चुनौती) 1955 में पीपुल्स पब्लिशिंग हाउस, नई दिल्ली, से प्रकाशित हुआ था जिसमें उनकी 32 कविताएं संकलित थीं। अब यह अनुपलब्ध है।

तू ज़िन्दा है तो...

तू ज़िंदा है तो ज़िदगी की जीत में यकीन कर
अगर कहीं है स्वर्ग तो उतार ला ज़मीन पर।

ये ग़म के और चार दिन, सितम के और चार दिन
ये दिन भी जायेंगे गुज़र, गुज़र गये हज़ार दिन
कभी तो होगी इस चमन पे भी बहार की नज़र
अगर कहीं है स्वर्ग तो उतार ला ज़मीन पर

सुबह और शाम के रंगे हुए गगन को चूमकर
तू सुन ज़मीन गा रही है कब से झूम-झूम कर
तू आ मेरा सिंगार कर, तू आ मुझे हसीन कर
अगर कहीं है स्वर्ग तो उतार ला ज़मीन पर

हज़ार भेष धर के आई मौत तेरे द्वार पर
मगर तुझे न छल सकी, चली गई वो हार कर
नई सुबह के संग सदा मुझे मिली नई उमर
अगर कहीं है स्वर्ग तो उतार ला ज़मीन पर

हमारे कारवां को मंज़िलों का इंतज़ार है
ये आंधियों, ये बिजलियों की पीठ पर सवार है
तू आ कदम मिला के चल चलेंगे एक साथ हम
अगर कहीं है स्वर्ग तो उतार ला ज़मीन पर

ज़मीं के पेट में पली अगन, पले हैं ज़लज़ले
टिके न टिक सकेंगे भूख रोग के स्वराज ये
मुसीबतों के सर कुचल, चलेंगे एक साथ हम
अगर कहीं है स्वर्ग तो उतार ला ज़मीन पर

बुरी है आग पेट की, बुरे हैं दिल के दाग ये
न दब सकेंगे, एक दिन बनेंगे इंकलाब ये
गिरेंगे जुल्म के महल, बनेंगे फिर नवीन घर
अगर कहीं है स्वर्ग तो उतार ला ज़मीन पर

क्रान्ति के लिए उठे क़दम

क्रान्ति के लिए उठे कदम
क्रान्ति के लिए जले मशाल!

भूख के विरुद्ध भात के लिए,
रात के विरुद्ध प्रातः के लिए,
मेहनती ग़रीब जात के लिए,
हम लड़ेंगे हमने ली कसम!

छिन रही हैं आदमी की रोटियां,
बिक रही हैं आदमी की बोटियां,
किन्तु सेठ भर रहे हैं कोठियां,
लूट का ये राज हो खतम!

गोलियों की गंध में घुटी हवा,
हिन्द जेल आग में तपा तवा,
खद्दरी सफेद कोढ़ की दवा,
खून का स्वराज हो खतम!

शान्ति के लिए उठे कदम,
शान्ति के लिए जले मशाल!
जंग चाहते हैं आज जंगखोर,
ताकि राज कर सकें हरामखोर,

पर जवान है जहान, है कठोर,
डालरों का जोर है नरम!

तय है जय मजूर की, किसान की
देश की, जहान की, अवाम की,
खून से रंगे हुए निशान की,
लिख गई है मार्क्स की कलम!

हड़ताल का गीत

जब तक मालिक की नस-नस को हिला न दे भूचाल
जारी है हड़ताल हमारी जारी है हड़ताल
न टूटे हड़ताल हमारी न टूटे हड़ताल

हम इतने सारों को मिल ये गिद्ध अकेला खाता
और हमारे हिस्से का भी अपने घर ले जाता
हक मांगें हम अपना तो ये गुण्डों को बुलवाता
हम सबका शोषण करने को चले ये सौ-सौ चाल

सावधान ऐसे लोगों से जो बिचौलिया होते
और हमारे बीच सदा जो बीज फूट के बोते
और कि जिनके दम पर अफसर मालिक चैन से सोते
देखेंगे उनको भी जो हैं सरकारी दलाल

सही-सही मांगों को लेकर जब हम सामने आए
इसके अपने सगे सिपाही बन्दूकें ले आए
जाने अपने कितने साथी इसने ही मरवाए
लेकिन सुन लो अब हम सारे जलकर बने मशाल

जारी है हड़ताल हमारी जारी है हड़ताल
न टूटे हड़ताल हमारी न टूटे हड़ताल

नेताओं को न्यौता

लीडर जी, परनाम तुम्हें हम मज़दूरों का,
हो न्यौता स्वीकार तुम्हें हम मज़दूरों का;
एक बार इन गंदी गलियों में भी आओ,
घूमे दिल्ली-शिमला, घूम यहां भी जाओ!

जिस दिन आओ चिट्ठी भर लिख देना हमको,
हम सब लेंगे घेर रेल के इस्टेशन को;
'इन्कलाब' के नारों से, जय-जयकारों से–
खूब करेंगे स्वागत फूलों से, हारों से!

दर्शन के हित होगी भीड़, न घबरा जाना,
अपने अनुगामी लोगों पर मत झुंझलाना;
हां, इस बार उतर गाड़ी से बैठ कार पर,
चले न जाना छोड़ हमें बिड़ला जी के घर!

चलना साथ हमारे वरली की चालों में,
या धारावी के उन गंदे सड़ते नालों में–
जहां हमारी, उन मज़दूरों की बस्ती है,
जिनके बल पर तुम नेता हो, यह हस्ती है!

हम तुमको ले साथ चलेंगे उस दुनिया में,
सुकुमारी बम्बई पली है जिस दुनिया में;
वह बम्बई, आज है जो जन-जन की प्यारी,
देसी-परदेसी के मन की राजकुमारी!

हम तुमको ले साथ चलेंगे उस दुनिया में–
नवयुवती बम्बई पली है जिस दुनिया में;
किन्तु न इस दुनिया को तुम ससुराल समझना,
बन दामाद न अधिकारों के लिए उलझना!

हमसे जैसा बने, खूब सत्कार करेंगे–
गैर करें बदनाम, न ऐसे काम करेंगे;
हां, हो जाये भूल-चूक तो नाम न धरना,

माफी देना नेता, मन मैला न करना!

जैसे ही हम तुमको ले पहुंचेंगे घर में,
हलचल सी मच जायेगी उस बस्ती भर में;
कानाफूसी फैल जायेगी, 'नेता आये–
गांधी टोपी वाले वीर विजेता आये!'

खद्दर धारी, आज़ादी पर मरने वाले,
गोरों की फ़ौजों से जरा न डरने वाले;
वे नेता जो सदा जेल में ही सड़ते थे,
लेकिन जुल्मों के ख़िलाफ फिर भी लड़ते थे!

वे नेता, सब जिनके एक इशारे भर से–
कट कर गिर सकते थे शीश अलग हो धड़ से;
जिनकी एक पुकार खून से रँगती धरती,
लाशों-ही-लाशों से पट जाती यह धरती!

'शासन की अब बागडोर जिनके हाथों में,
है जनता का भाग्य आज जिनके हाथों में!'
कानाफूसी फैल जायेगी, 'नेता आये–
गांधी टोपी वाले शासक नेता आये!'

घिर आयेगी तुम्हें देखने बस्ती सारी,
बादल दल से उमड़ पड़ेंगे सब नर-नारी;
पंजों पर हो खड़े, उठा गर्दनें, उझक कर,
लोग देखने आवेंगे, धक्का-मुक्की कर!

टुकुर-मुकुर ताकेंगे तुमको बच्चे सारे–
शंकर, लीला, मधुकर, घोंडू, राम पगारे;
जुम्मन का नाती करीम, नज्मा बुद्धन की,
अस्सी बरसी गुस्सेवर बुढ़िया अच्छन की!

वे सब बच्चे पहन चीथड़े, मिट्टी साने,
वे बूढ़े-बुढ़िया, जिनके लद चुके जमाने;
और युवकगण जिनकी रग में गरम खून है,

रह-रह उफन उबल पड़ता है, नया खून है!

घिर आयेगी तुम्हें देखने बस्ती सारी,
बादल दल से उमड़ पड़ेंगे सब नर-नारी;
'हेचकाय' कानाफूसी यह फैल जायेगी,
हर्ष क्षोभ की लहर मुखों पर दौड़ जायेगी!

हां, देखो आ गया ध्यान बन आये न संकट,
बस्ती के अधिकांश लोग हैं बिलकुल मुंहफट;
ऊंच-नीच का जैसे उनको ज्ञान नहीं है,
नेताओं के प्रति अब वह सम्मान नहीं है!

उनका कहना है : यह कैसी आजादी है,
वही ढाक के तीन पात हैं, बरबादी है;
तुम किसान-मजदूरों पर गोली चलवाओ,
और पहन लो खद्दर, देश-भक्त कहलाओ!

तुम सेठों के संग पेट जनता का काटो,
तिस पर आज़ादी की सौ-सौ बातें छांटो,
हमें न छल पायेगी यह कोरी आज़ादी,
उठ री, उठ, मजदूर किसानों की आबादी!

हो सकता है, कड़वी-खरी कहें वे तुमसे,
उन्हें जरा मतभेद हो गया है अब तुमसे,
लेकिन तुम सहसा उन पर गुस्सा मत होना,
लायेंगे वे जनता का ही रोना-धोना!

वे सब हैं जोशीले, किन्तु अशिष्ट नहीं हैं,
रखें तुमसे बैर, उन्हें यह इष्ट नहीं है;
वे तो दुनिया बदल डालने को निकले हैं,
हिन्दू, मुस्लिम, सिक्ख, पारसी सभी मिले हैं!
फिर, जब दावत दी है तो सत्कार करेंगे,
गैर करें बदनाम, न ऐसे काम करेंगे;
हां, हो जाये भूल-चूक तो नाम न धरना,
माफी देना नेता, मन मैला मत करना!

तब सवाल पैदा होगा : क्या तुम्हें खिलायें,
ज्वार बाजरे की रोटी या भात बनायें?
तुम तो गेहूं ही गेहूं ही खाते आये हो,
बड़े बाप के बेटे, सब पाते आये हो!

तुम भाकरी ज्वार की कैसे खा पाओगे–
खा भी लो, तो पचा भला कैसे पाओगे?
डर लगता है तुम्हें न बदहज़मी हो जाये,
राजनीति का किरियाकरम शिथिल पड़ जाये!

भला करें क्या, थोड़ा-सा मिलता है राशन,
दो दिन में चुक जाते, गेहूं-चावल के कन;
बाकी दिन पकती है बस ज्वार की रोटी,
बिना स्वाद की रूखी-सूखी, मोटी-झोटी!

ऐसा करना तुम, पगार के दिन आ जाना,
उस दिन तुम भी हम सबके संग मौज उड़ाना;
काले बाज़ारों में तो सब कुछ मिलता है,
रुपयों की 'ठन-ठन' से हर गुदाम खुलता है!

पर, पगार के एक रोज भी बाद न आना–
लुट जायेगा तब तक वह रंगीन ज़माना;
ले जायेंगे किस्तें ब्याज पठान महाजन,
नहीं बचेगी कौड़ी, छिन जायेगा सब धन!

हां, ठहरो, यह जरा सोच लेने दो हमको–
बिछा बिस्तरा कहां सुलायेंगे हम तुमको?
हम कतार में एक साथ सोते सब कोई,
बीवी-बच्चे, मां-बहनें, साले-बहनोई!
यों बिस्तर भी, और जगह भी, अंट आती है,
सिकुड़े-सिकुड़े सही रात तो कट जाती है,
इतनी बड़ी झोंपड़ी भी अब कहां मिलेगी,
पगड़ी बांधे बिन सिर पर छत नहीं मिलेगी!

'पगड़ी' भी ऐसी कि पांच सौ, हजार की–

हम क्या देंगे जिनकी ज़िंदगानी उधार की,
हम कतार में एक साथ सोते सब कोई
बीवी-बच्चे, मां-बहनें, साले-बहनोई!

अच्छा हो यदि बिस्तर अपना लेते आओ–
संग-संग अपना होलडाल भी बांधे लाओ!
वरना चिथड़ों में ही तुम्हें सुलाना होगा,
बदबूदार सड़ी गुदड़ियां उढ़ाना होगा!

ढांकोगे गर पैर, नहीं सिर ढंक पायेगा–
सिर ढांकोगे, बदबू से दम घुट जायेगा;
खटमल भी होंगे, चूसेंगे खून रातभर,
आब-हवा ही ऐसी, यहां पनपते मच्छर!

कई बार सोचा अच्छा बिस्तर बनवा लें,
फटी जा रही है गुदड़ी, कपड़ा चढ़वा लें,
पर इतने के लिए कहां से पैसा आए,
पैसा भी हो पास, कौन कपड़ा दिलवाए!

भला करें क्या, इतना महंगा मिलता कपड़ा,
किसी तरह से चला रहे हैं सीकर चिथड़ा;
मां-बहनें मुश्किल से लाज ढंक पाती हैं,
इस बस्ती से बाहर नहीं झांक पाती हैं!

तुम्हीं बताओ मां-बहनों की लाज छुपाएं,
या सफेद चादर वाले बिस्तरे जुटाएं;
तुम्हीं बताओ, पहले बिस्तर बनवाएं हम,
या बीवी-बच्चों को कपड़ा पहनायें हम?
अच्छा हो यदि बिस्तर अपना लेते आओ,
संग-संग अपना होलडाल भी बांधे लाओ;
अपनी मच्छरदानी भी लेते ही आना,
वरना होगी आंखों में ही रात बिताना!

जगह? खैर तुम घर के बाहर ही सो जाना,
अगर गिरे बरसात बिस्तरा अंदर लाना;
ईंटों पर, तख्ते पर पलंग बना देंगे हम,

बिछा तुम्हारा बिस्तर तुम्हें सुला देंगे हम!

जैसा हमसे बने, खूब सत्कार करेंगे–
गैर करें बदनाम न ऐसे काम करेंगे;
हां, हो जाये भूल-चूक तो नाम न धरना,
माफ़ी देना नेता, मन मैला मत करना!

अच्छा, अब झटपट लिख भेजो कब आओगे,
किस दिन इस बस्ती को पावन कर जाओगे;
जिस दिन आओ, चिट्ठी भर लिख देना हमको,
हम सब लेंगे घेर रेल के इस्टेशन को!

देखेंगे हम राह तुम्हारे शुभागमन की,
उस दिन जिस दिन खिल जायेंगी कलियां मन की!
लीडर जी, परनाम तुम्हें हम मजदूरों का,
हो न्यौता स्वीकार तुम्हें हम मज़दूरों का!

बेलगाम घोड़े

आज से नहीं बचपन से
देखता हूं इन बेलगाम घोड़ों को
उन्मत्त हिनहिनाते उछलते कूदते
रौंदते बागों को, बगीचों को
कलियों को, फूलों को, बच्चों को, बूढ़ों को
सशक्तों को, अशक्तों को
चंभोड़ते चौड़े-चौड़े जबड़ों से
लोगों की दुबकी सुबकी गर्दनों को!
बड़ी मुश्किल से बचाया मां बाप ने
बंद रक्खा आंगन में
लाठी सिरहाने रखकर सोये
फिर भी जागती रही नन्ही बहन कमला!
यही घोड़े आड़े आए
मेरे कॉलिज की राह में
छूटा मेरा आगे पढ़ना!

आज से नहीं बचपन से
देखता हूं इन बेलगाम घोड़ों को
उन्मत्त हिनहिनाते उछलते कूदते
लतियाते लोगों को
खुले आम सड़कों पर!

लावारिस कुत्तों को ले जाती म्युनिसपैलिटी
चोर डाकुओं के लिए पुलिस है, जेल है
मगर क्या कोई नहीं जो बांध ले इन थोड़े से घोड़ों को
या मार दे एक गोली इनकी कनपटी पर
कि ढहढहा कर गिर पड़े ये पागल उत्पात
बढ़ते हुए दामों के बेलगाम घोड़ों को!

मेरी अभिलाषा

सुनसान उनींदी रातों में
जो गीत सुनाती है दुनिया
मैं उसको ही दोहरा जाऊं
कुछ नए स्वरों में गा जाऊं
बस मेरी यह अभिलाषा है।

सारे दिन के कोलाहल में
सारे दिन की इस हलचल में
दिल की आवाज सुनी किसने
सब रहते हैं छल कौशल में
सुनसान अंधेरी रातों में
जो घाव दिखाती है दुनिया
उन घावों को सहला जाऊं
दुखते दिल को बहला जाऊं
बस मेरी यह अभिलाषा है।

मैंने सपनों से प्यार किया
पर सच को भी स्वीकार किया
हां, जीवन ही एक सपना है

डटकर इसका प्रतिकार किया
सुनसान मचलती रातों में
जो स्वप्न सजाती है दुनिया
निज गीतों में छलका जाऊं
फिर मैं चाहे जो कहलाऊं
बस मेरी यह अभिलाषा है।

तुम सबने मुझको अपनाया
कवि का यह बाना पहनाया
मैंने मिट्टी से प्यार किया
इस मिट्टी का ही गुन गाया
सुनसान ठिठुरती रातों में
जो ताप तपाती है दुनिया
उस ईंधन के काम आ जाऊं
या अपना आप मिटा जाऊं
बस मेरी यह अभिलाषा है।

अन्दर की आग

ढोल बजे ऐलान हुआ, आजादी आई,
खून बहाए बिना लीडरों ने दिलवाई,
खुश होकर अंगरेज़ों ने दी नेताओं को,
सत्य अहिंसावादी वीर विजेताओं को!
हम चकराये, फेल हो गई बुद्धि हमारी,
क्षण-भर चकाचौंध से आंखें मुंदीं हमारी,
पर फिर देखा, अब भी सारा ठाट वही है,
वही फ़ौज है, वही पुलिस है, लाट वही है!

ज़मींदार है, खेत और खलिहान वही है,
गल्ला पहले से कम, किन्तु लगान वही है,
नाम बदल डाले हैं, पर हर काम वही है,
ढोल, पोल, कन्ट्रोल वही, गोदाम वही है!

वही नवाब, वही राजे, कुहराम वही है,

पदवी बदल गयी है, किन्तु निज़ाम वही है,
थका पिसा मज़दूर वही, दहकान वही है,
कहने को भारत, पर हिन्दुस्तान वही है!

बोली बदल गयी है बात वही है सारी,
हिज मैजेस्टी छठे जार्ज की लंबरदारी,
कॉमनवैल्थ कुटुम्ब, वही चर्चिल की यारी,
परदेशी का माल सुदेशी पहरेदारी!

छापा बदला, किन्तु वही सिक्का ढलता है,
घटे पौण्ड की पूंछ पकड़ रुपया चलता है,
हम चकराये, फेल हो गयी बुद्धि हमारी,
क्षण भर चकाचौंध से आंखें मुंदीं हमारी!

खुलीं हमारी आंखें जब वह ज़मीं बिक चुकी,
चिर कटार से जब स्वदेश की देह बंट चुकी,
अपना भाई सुहृद पड़ोसी, गैर हो गया,
खोद हमारे आंगन दुश्मन बैर बो गया!

किन्तु, आज हम दुश्मन को पहचान चुके हैं,
उसकी सब काली करतूतें जान चुके हैं,
ठान चुके हैं हम कि शत्रु से भिड़े रहेंगे,
कफ़न बांध इन संघर्षों में अड़े रहेंगे!
आज खून से रँगी ध्वजा सबसे आगे है,
क्रान्ति शान्ति की लाल ध्वजा सबसे आगे है,
अपनी क़िस्मत का नूतन निर्माण चला है,
क्रूर मौत से भीषण रण संग्राम चला है!

अन्दर की यह आग एक दिन भड़केगी ही,
नयी गुलामी की बेड़ी भी तड़केगी ही!

दीवाली के बाद

राह देखते 'श्री लक्ष्मी' के शुभागमन की,

बरबस आंख मुंदी निर्धन की!
तेल हो गया ख़त्म, बुझ गये दीपक सारे,
लेकिन जलती रही दिवाली मुक्त गगन की!

चूहे आये कूदे फांदे और खा गये–
सात देवताओं को अर्पित खील-बतासा,
मिट्टी के लक्ष्मी-गनेश गिर चूर हो गये,
दीवारें चुपचाप देखती रहीं तमाशा!

चलती रही रात भर उछल-कूद चूहों की,
किन्तु न टूटी नींद थके टूटे निर्धन की,
सपने में देखा उसने आई है लक्ष्मी,
पांवों में बेड़ियां, हाथ हथकड़ियां पहने!
फूट-फूट रोयी वह और लगी यूं कहने
'पगले, मैं बंदिनी बनी हूं धनवालों की,
पांव बंधे हैं कैसे आऊं पास तुम्हारे?
नाग बने छाती पर बैठे हैं हत्यारे!
राम, तुम्हारी हूं मैं, लेकिन हरी गई हूं,
सोने की लंका में लाकर धरी गई हूं!
बोलो, तुम मुझको कब बन्धन-मुक्त करोगे?
दुःख संकट से मुक्त विश्व संयुक्त करोगे?'

धनवालों की दीवाली की रात ढल गई,
अब ग़रीब का दिन है, दिन का उजियारा है!
लोगों ने की सभा, फैसला कर डाला है–
'एक साथ हम सब रावण पर वार करेंगे,
अपनी दुनिया का हम खुद उद्धार करेंगे!
अन्नपूर्णा लक्ष्मी को आज़ाद करेंगे,
स्वर्ग इसी धरती पर हम आबाद करेंगे!'

भगतसिंह से

भगतसिंह इस बार न लेना काया भारतवासी की
देशभक्ति के लिए आज भी सजा मिलेगी फांसी की।

मत समझो पूजे जाओगे क्योंकि लड़े थे दुश्मन से
रुत ऐसी है आंख लड़ी है अब दिल्ली की लंदन से
कॉमनवेल्थ कुटुम्ब देश को खींच रहा है मंतर से
प्रेमविभोर हुए नेतागण नीरा बरसी अम्बर से
भोगी हुई वियोगी दुनिया बदल गई बनवासी की।

सत्य अहिंसा का शासन है रामराज्य फिर आया है
भेड़ भेड़िया एक घाट हैं सब ईश्वर की माया है
दुश्मन ही जब अपना टीपू जैसों से क्या डरना है
शान्ति सुरक्षा की खातिर हर हिम्मतवर से डरना है
पहनेगी हथकड़ी भवानी रानी लक्ष्मी झांसी की।

यदि जनता की बात करोगे तुम गद्दार कहलाओगे
बम्ब सम्ब को छोड़ो, भाषण दिया कि पकड़े जाओगे,
निकला है कानून नया चुटकी बजते बंध जाओगे
न्याय अदालत की मत पूछो सीधे मुक्ती पाओगे
कांग्रेस का हुक्म जरूरत क्या वारंट तलाशी की।

गढ़वाली जिसने अंग्रेजी शासन में विद्रोह किया
महाक्रान्ति के दूत जिन्होंने नहीं जान का मोह किया
अब भी जेलों में सड़ते हैं, न्यू मॉडल आजादी है
बैठ गये काले पर गोरे जुल्मों की गादी है
वही रीत है वही नीत है गोरे सत्यानाशी की।

अनुपम संगीत चौकड़ी

हिन्दी सिने संगीत में शंकर जयकिशन के बाद संगीतकारों की कई जोड़ियां बनीं–कल्याणजी-आनन्दजी, लक्ष्मीकान्त-प्यारेलाल से लेकर नदीम-श्रवण, जतिन-ललित तक। लेकिन हिन्दी सिने संगीत के समूचे इतिहास में गीतकारों की जोड़ी एक ही है–हसरत जयपुरी और शैलेन्द्र की जोड़ी जिन्होंने 1949 से 66 के दौरान सौ से भी अधिक फिल्मों में शंकर जयकिशन के संगीत निर्देशन में गीत लिखे। इस तरह संगीत निर्देशक शंकर जयकिशन के साथ मिलकर गीतकारों की यह जोड़ी अनुपम संगीत चौकड़ी की तरह दो दशक तक हिन्दी सिनेमा में रसवर्षा करती रही। मज़े की बात यह है कि इन दोनों गीतकारों की यह प्रतिबद्धता सिर्फ़ शंकर जयकिशन द्वारा संगीतबद्ध की जाने वाली फिल्मों तक सीमित थी। उन्होंने जब अन्य संगीतकारों के साथ काम किया तो अकेले काम किया।

खासतौर से शैलेन्द्र ने सलिल चौधरी, सचिनदेव बर्मन, सी. रामचन्द्र, रोशन,

पं. रविशंकर, राहुलदेव बर्मन, एस.एन. त्रिपाठी, हेमन्त कुमार आदि अपने समय के तमाम छोटे-बड़े संगीतकारों के लिए गीत लिखे। सलिल चौधरी और सचिनदेव बर्मन के तो वे अतिप्रिय गीतकार थे। इसी तरह यशस्वी फिल्मकार बिमलराय की भी वे पहली पसंद थे। उन्होंने स्वतंत्र रूप से 'दो बीघा जमीन', 'मधुमती', 'गाइड', 'बंदिनी' जैसी अनेक कालजयी फिल्मों के लिए गीत लिखे।

अपने व्यक्तिगत प्रभाव के बावजूद शैलेन्द्र ने शंकर जयकिशन और हसरत जयपुरी के साथ व्यावसायिक प्रतिबद्धता को किसी भी कीमत पर खण्डित नहीं होने दिया। ऐसा नहीं कि उनके बीच मतभेद न हुए हों, प्रतिद्वन्द्विताएं न हुई हों, आरोप-प्रत्यारोप न हुए हों लेकिन इन तमाम वितंडावादों का अस्तित्व तात्कालिक बाज़ारू ज़रूरतों के पिष्टपेषण काल तक ही सीमित रहा और इनकी व्यावसायिक प्रतिबद्धता तमाम थपेड़ों को सहते हुए मृत्युपर्यन्त बरकरार रही। 1966 में शैलेन्द्र और 1971 में जयकिशन की मृत्यु के बाद तथा 1970 में राजकपूर की 'मेरा नाम जोकर' ध्वस्त होने के बाद दो दशकों तक सिने संगीत में अपना वर्चस्व अक्षुण्ण रखने वाली यह संगीत चतुष्टयी भौतिक रूप से अतीत की गौरव गाथाओं में शामिल हो गयी। पर इनके द्वारा रचे गए सैकड़ों गीत अभी न जाने कितने ज़माने तक अपनी अनुगूंज से जन-जन को मंत्रमुग्ध करते रहेंगे।

इस संगीत चौकड़ी की एकता कायम रखने में धुरी की भूमिका राजकपूर ने निभाई। आर.के. फिल्म्स से अलहदा भी जिन फिल्मों में राजकपूर नायक होते थे, उनमें बहुधा इसी संगीत चौकड़ी को लिया जाना पसंद किया जाता था। दूसरे तमाम निर्माता भी उनके आपसी तालमेल को सफलता के लिए भुनाना पसंद करते थे। शंकर जयकिशन को आज तक महान संगीतकार नहीं माना गया। कम-से-कम दर्जन भर समकालीन संगीतकारों के नामोल्लेख के बाद विद्वज्जन पुछल्ले की तरह शंकर जयकिशन का नाम भी प्रमुख संगीतकारों में जोड़ दिया करते हैं। पर इस बात से कोई इंकार नहीं कर सकता कि उनकी अधिकांश फिल्मों के गीत अपार लोकप्रिय हुए। इससे भी बढ़कर यह कि उनकी फिल्मों के एक-दो नहीं, पूरे के पूरे गीत ही जन सामान्य की रुचि का विषय बन जाते थे। लोगों तक पहुंचने में उनके द्वारा संगीतबद्ध की गई फिल्में सफल हुईं या असफल, लेकिन उनका संगीत लोगों की जुबान पर चढ़ने में, उनके भाव बोध को सरस करने में शायद ही कभी असफल हुए हों। अपने समय के अनेकानेक महान निर्माता-निर्देशकों और सितारों के साथ इस संगीत चौकड़ी ने गीत-संगीत की रचना की। रूमानी उष्णता लिए ज़िंदगी की ज़िंदा तस्वीर इनके गीत-संगीत से उभरकर लोगों के होंठों पर थिरक उठी।

हालांकि हसरत जयपुरी ने भी स्वतंत्र रूप से अनेक फिल्मों के लिए गीत लिखे, पर उन्हें 'बन्दिनी', 'दो बीघा जमीन', 'मधुमती', 'गाइड', 'अनुराधा' जैसी महान फिल्में नहीं मिलीं। स्वतंत्र रूप से 'झनक-झनक पायल बाजे' ही हसरत जयपुरी की गीतकार के रूप में महत्वपूर्ण फिल्म है। इसके अलावा उन्होंने वी. शान्ताराम की 'सेहरा' और 'गीत गाया पत्थरों ने' के लिए भी रामलाल के संगीत निर्देशन में स्वतंत्र रूप से गीत लिखे। 'सम्राट चन्द्रगुप्त', 'कैदी नं. 911' आदि कई फिल्मों में भी हसरत जयपुरी ने

गीत लिखे। शान्ताराम के अलावा और किसी बड़े फिल्मकार ने हसरत जयपुरी को स्वतंत्र रूप से अवसर नहीं दिया।

गीत रचना के क्षेत्र में शैलेन्द्र और हसरत उत्तर-दक्षिण की तरह थे। इनके गीत फिल्मों में बहुत आसानी से अलग-अलग पहचाने जा सकते थे। हसरत जयपुरी कहा करते थे कि राज साहब मुझे मुहब्बत का शहज़ादा और शैलेन्द्र को फ़लसफ़े का बादशाह कहा करते थे। इसीलिए हम देखते हैं कि राजकपूर की फिल्मों में ही नहीं अन्य फिल्मों के 'थीम सांग' भी ज्यादातर शैलेन्द्र के ही हिस्से में आते थे। चाहे राजेन्द्र कुमार की 'आस का पंछी' हो (दिल मेरा एक आस का पंछी, उड़ता है ऊंचे गगन पर), दिलीप कुमार की 'दाग' हो (ऐ मेरे दिल कहीं और चल), या देव आनन्द की 'पतिता' हो (मिट्टी से खेलते हो बार-बार किसलिए)। 'आवारा हूं', 'मेरा जूता है जापानी', 'मेरा नाम राजू', 'सब कुछ सीखा हमने न सीखी होशियारी' जैसे गीत राजकपूर की फिल्मों के लिए तो उन्होंने लिखे ही थे। हसरत जयपुरी को निश्चित ही कम मौके मिले, पर उनके गीतों ने भी अवाम के बीच में खूब धूम मचाई। 'जिस देश में गंगा बहती है' में हसरत जयपुरी का सिर्फ़ एक गीत था–'हो मैंने प्यार किया'–लेकिन यही गीत लोकप्रियता की दृष्टि से सबसे बढ़कर साबित हुआ था। तेरी प्यारी-प्यारी सूरत को किसी की नज़र न लगे (ससुराल), बहारो फूल बरसाओ मेरा महबूब आया है (सूरज), एहसान तेरा होगा मुझ पर, दिल चाहता है वो कहने दो (जंगली) इत्यादि उनके रोमेंटिक गीतों ने अपने समय

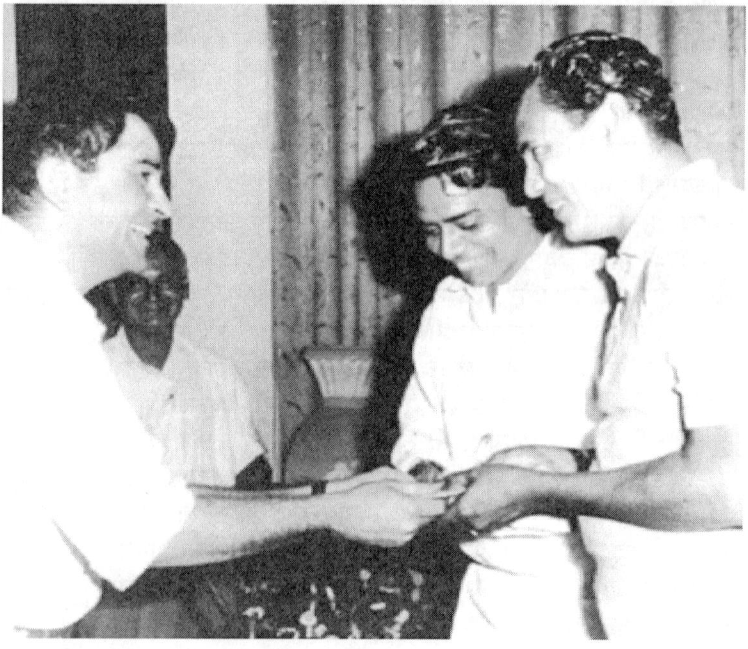

में धूम मचा दी थी। जहां नायकों पर चित्रित ज्यादा गीत शैलेन्द्र ने लिखे वहीं नायिकाओं पर चित्रित किए गए हसरत जयपुरी ने।

'तीसरी कसम' में भी हसरत जयपुरी का लिखा हुआ मात्र एक ही गीत है और वही गीत भ्रम पैदा करता है। मानो वह हसरत नहीं शैलेन्द्र ने लिखा है–'दुनिया बनाने वाले क्या तेरे मन में समाई'। हालांकि कहने वाले यह भी कहते हैं कि इनकी व्यावसायिक प्रतिबद्धता ने इन्हें अपने गीत एक दूसरे के नाम कर देने की उदारता भी बख़्शी थी। पर जो भी हो यह गीत हसरत जयपुरी के नाम दर्ज़ है। शैलेन्द्र और जयकिशन के अवसान के बाद शंकर जयकिशन भी आर.के. से हटने के लिए मजबूर हुए। उनकी जगह लक्ष्मीकान्त प्यारेलाल ने ले ली। शंकर, शंकर जयकिशन के नाम से ही बाद में भी फिल्मों में संगीत देते रहे लेकिन उनका सुनहरा दौर गुजर चुका था। अब उनके साथ नीरज वर्मा, मलिक, देव कोहली आदि गीत लिख रहे थे। हसरत जयपुरी यद्यपि गीत लेखन के क्षेत्र में मृत्युपर्यन्त सक्रिय रहे किन्तु उनका सुनहरा जमाना विदा हो चुका था। गीत लेखन के क्षेत्र में नई-नई प्रतिभाओं का आगमन हो चुका था। उनका फिर किसी अन्य संगीतकार के साथ वैसा तालमेल नहीं बन सका और वे मौजूद होते हुए भी एक तरह से गुमनामी के अंधेरे में खो गए।

हसरत और शैलेन्द्र की जोड़ी हिन्दी सिनेमा संगीत में अपने गीतों की रचना में अनोखा तालमेल बनाकर शंकर जयकिशन के साथ सुमधुर धुनों की अनोखी बरसात करने के लिए हमेशा याद रहेगी।

तेरी इक बूंद के प्यासे हम

शैलेन्द्र के द्वारा हिन्दी फिल्मों के लिए लिखे गए 800 से भी अधिक गीतों में से चंद गीत चुनना खुद मेरे लिए भी कभी निर्विवाद चयन नहीं हो सकता। इसलिए कि हर चुने गए गीत के सामने अन्य गीत अपनी अनुपमेय शख़्सियत के साथ खड़े हो जाते हैं। इस चयन में हमारी अपनी पसंद के अनेक गीत छूट गए हैं। यहां हमने शैलेन्द्र की फिल्मों में गीत लेखन की बहुआयामी परिदृश्य को सर्वोपरि रखा है। यद्यपि मात्र 21 गीतों में उनकी गीत-संरचना की दसों दिशाओं को समेट लेना भी मुमकिन नहीं। यह ऊहापोह भी अनंत है कि अमुक गीत के स्थान पर यह दूसरा गीत क्यों नहीं। इन सारी सीमाओं के अंतर्गत इस चयन को लेना चाहिए।

इस संक्षिप्त चयन के साथ ही शैलेन्द्र के लगभग 200 अन्य श्रेष्ठ और लोकप्रिय गीतों की सूची भी इसीलिए दी गई है। ये और इनके अतिरिक्त सैकड़ों अन्य गीत आज

भी लाखों लोगों के दिलोदिमाग़ को सुकून और हौसला देते हैं। शैलेन्द्र के फिल्मों के लिए लिखे गए ये गीत हमसे अक्सर ये सवाल करते हैं कि हमने इन्हें साहित्य की सरहदों से दूर रखकर क्या साहित्य के लोकधर्मी प्रवाह के अनन्य सौन्दर्य की उपेक्षा करने का अपराध नहीं किया? ये गीत सिनेमा के लिए ज़रूर लिखे गए हैं लेकिन इनकी स्वतंत्र इयत्ता, सार्थकता और सहज बिंब विधान की अत्यन्त विरल क्षमता इन्हें साहित्य की गरिमा प्रदान करती है। 1970 के बाद हिन्दी सिनेमा में इस स्तर के गीत खोजे ही नहीं जा सकते।

शैलेन्द्र के अनेक गीत ऐसे हैं जो गुनगुनाए जाने पर सम्पूर्ण फिल्म और चरित्र को हमारी आंखों के सामने हाज़िर कर देते हैं। शैलेन्द्र के गीतों की यही सबसे बड़ी विशेषता है कि वे सामूहिक सृजनशीलता के बीच भी अपनी व्यक्तिगत ऊंचाई बनाए रखते हैं।

शैलेन्द्र ने बहुत पहले ही लिख दिया था–मानो आगे आने वाले वातावरण के बारे में–जिसे हम हिन्दी फिल्म संगीत में आज लगातार सच होते हुए देख रहे हैं–टीन कनस्तर पीट-पीटकर गला फाड़कर चिल्लाना, यार मेरे मत बुरा मान ये गाना है न बजाना है। गुलजार, जावेद अख़्तर, निदा फाज़ली जैसे लोग भी जरूर हैं जो सिनेमा में आज के नितान्त गैरशायराना माहौल में भी कुछ सार्थक कर पाने के लिए निरन्तर प्रयत्नशील रहते हैं। निश्चित ही शैलेन्द्र, साहिर, शकील, मजरूह जैसे गीतकारों की गौरवशाली परम्परा की एक बूंद के लिए आज हम प्यासे हैं।

शैलेन्द्र के गीत हिन्दी सिनेमा की प्रकृति से सम्पूर्ण तालमेल बैठाने में समर्थ हैं। राजकपूर के साथ गहन अंतरंगता ने शैलेन्द्र को यह अच्छी तरह समझा दिया था कि सिनेमा सामूहिक सृजन का माध्यम है। निर्देशक के मन्तव्य के साथ एकाकार होकर ही कोई भी सहयोगी फिल्म का महत्वपूर्ण स्तम्भ बन सकता है। सामूहिक सृजन के आधार को ग्रहण कर शैलेन्द्र ने एक ओर फिल्म की कथावस्तु में विभिन्न आयामों की बारीकियों का निरीक्षण किया, दूसरी ओर फिल्म के निर्देशक की दृष्टि को आत्मसात किया और फिर संगीतकार की धुन को शब्द पहनाए। इतना ही नहीं, शब्दों के चयन में वे इस बात का पूरा ध्यान रखते हैं कि शब्द हिन्दी सिनेमा की प्रचलित शब्दावली से बहुत अधिक अलग-थलग न पड़ जाएं। इस तरह सीमित शब्दों की दुनिया में रहकर भी वे उन शब्दों के निजी 'प्लेसमेण्ट' और कथा की मूल भावना के व्यावहारिक संदर्शों को एकमेक कर शैलेन्द्र ने हिन्दी फिल्मों को विलक्षण गीत दिए जो काल का अतिक्रमण कर सके।

शैलेन्द्र के गीत इसलिए अधिक-से-अधिक जनमानस के निकट पहुंच सके क्योंकि वे बिमलराय, राजकपूर, विजय आनन्द आदि महान फिल्मकारों की महान फिल्मों के माध्यम से जनता तक पहुंचे। वहीं दूसरी ओर उनके गीतों को धुनों में ढालने वाले संगीतकार आवाम में बेहद मकबूल थे। शंकर जयकिशन की फिल्मों के कम-से-कम 75 प्रतिशत गीत तो अपार लोकप्रिय होते हैं वहीं दूसरी ओर सलिल चौधरी तथा सचिन देव बर्मन जैसे लोकशास्त्र में डूबे संगीतकारों की धुनों में शैलेन्द्र के गीतों को जनता के दिलों के नजदीक पहुंचाया।

यह इसलिए मुमकिन हुआ क्योंकि शैलेन्द्र ने सिनेमा को समग्रता में एक कविता

की तरह देखा। यह काम उनका अपना अकेला है। यही कारण था कि वे फिल्म निर्माण की ओर उन्मुख हुए। वे नवीनता के प्रबल आग्रही थे पर उस नवीनता को आतंक के एकाधिकार में नहीं ढकेलना चाहते थे। इसीलिए उन्होंने स्वनिर्मित फिल्म में तरलता का गहन आधार चुना। जहां गीत लेखन के क्षेत्र में उन्होंने अपार सफलता प्राप्त की वहीं फिल्म निर्माण ने उन्हें आत्मनाश की ओर धकेल दिया। शैलेन्द्र के सिनेमा के लिए लिखे गए गीतों में जीवन की व्यावहारिक काव्यात्मकता छलकती है। रोजमर्रा के प्रसंगों से गीतों के क्षितिज खुलते हैं। दैनंदिन जीवन की मामूली बातों के जरिए वे भावनाओं और विचारणाओं के इन्द्रधनुष तैयार करते हैं। शैलेन्द्र के ऐसे ही सरल सहज प्रस्तुत गीत हैं।

1

आवारा हूं
या गर्दिश में हूं
आसमान का तारा हूं
आवारा हूं!

घर बार नहीं, संसार नहीं
मुझसे किसी को प्यार नहीं
उस पार किसी से
मिलने का इकरार नहीं
मुझसे किसी को प्यार नहीं
अनजान नजर
सुनसान डगर का प्यारा हूं,
आवारा हूं!
आबाद नहीं बर्बाद सही
गाता हूं खुशी के गीत मगर
ज़ख़्मों से भरा सीना है मेरा
हंसती है मगर ये मस्त नज़र
दुनिया आ... दुनिया
मैं तेरे तीर का
या तक़दीर का मारा हूं
आवारा हूं!

संगीतकार : शंकर जयकिशन / गायक : मुकेश / फिल्म : आवारा
पर्दे पर अदाकार : राजकपूर / 1951

2

ऐ मेरे दिल कहीं और चल
ग़म की दुनिया से दिल भर गया
ढूंढ़ ले अब कोई घर नया

चल जहां ग़म के मारे न हों
झूठी आशा के तारे न हों
इन बहारों से क्या फायदा
जिसमें दिल की कली जल गई
ज़ख़्म फिर से हरा हो गया
ऐ मेरे दिल कहीं और चल...

चार आंसू कोई रो दिया
फेर कर मुंह कोई चल दिया
लुट रहा था किसी का जहां
देखती रह गई ये ज़मीं
चुप रहा बेरहम आस्मां
ऐ मेरे दिल कहीं और चल...

संगीतकार : शंकर जयकिशन / गायक : तलत महमूद / फिल्म : दाग
पर्दे पर अदाकार : दिलीप कुमार / 1952

3

मिट्टी से खेलते हो बार-बार किसलिए
टूटे हुए खिलौनों से प्यार किसलिए

बनाके जिंदगानियां बिगाड़ने से क्या मिला
मेरी उम्मीद का जहां उजाड़ने से क्या मिला
आई थी दो दिनों की ये बहार किसलिए

जरा सी भूल को हजार रूप दे दिए
जरा सी जां के सर पे सात आसमान दे दिए
बर्बाद जिंदगी का ये सिंगार किसलिए

जमीन गैर हो गई, ये आसमां बदल गया
हवा के रुख बदल गए, हर एक फूल जल गया
बजते हैं अब ये सांसों के तार किसलिए

संगीतकार : शंकर जयकिशन / गायिका : लता मंगेशकर / फिल्म : पतिता
पर्दे पर अदाकारा : उषा किरण / 1953

4

तू प्यार का सागर है
तेरी इक बूंद के प्यासे हम
लौटा जो दिया तूने
चले जायेंगे जहां से हम
तू प्यार का सागर है...
इधर झूमके गाए ज़िंदगी
उधर है मौत खड़ी
कोई क्या जाने कहां है सीमा
उलझन आन पड़ी
कानों में जरा कह दे
कि आए कौन दिशा से हम
तू प्यार का सागर है...
घायल मन का पागल पंछी
उड़ने को बेकरार
पंख हैं कोमल आस है धुंधली
जाना है सागर पार
अब तू ही इसे समझा
राह भूले थे कहां से हम
तू प्यार का सागर है...

संगीतकार : शंकर जयकिशन / गायक : मन्नाडे / फिल्म : सीमा
पर्दे पर अदाकार : बलराज साहनी / 1955

5

मेरा जूता है जापानी
ये पतलून इंगलिसतानी
सर पे लाल टोपी रूसी फिर भी दिल है हिन्दुस्तानी

निकल पड़े हैं खुली सड़क पर
अपना सीना ताने
मंजिल कहां कहां रुकना है
ऊपर वाला जाने
बढ़ते जाएं हम सैलानी
जैसी इक दरिया तूफानी
सर पे लाल टोपी रूसी फिर भी दिल है हिन्दुस्तानी

ऊपर-नीचे नीचे-ऊपर
लहर चले जीवन की
नादां हैं जो बैठ किनारे
पूछें राह वतन की
चलना जीवन की कहानी
रुकना मौत की निशानी
सर पे लाल टोपी रूसी फिर भी दिल है हिन्दुस्तानी

होंगे राजे राजकुंवर
हम बिगड़े दिल शहजादे
हम सिंहासन पर जा बैठे
जब जब करें इरादे
सूरत है जानी पहचानी
दुनिया वालों को हैरानी
सर पे लाल टोपी रूसी फिर भी दिल है हिन्दुस्तानी

संगीतकार : शंकर जयकिशन / गायक : मुकेश / फिल्म : श्री 420
पर्दे पर अदाकार : राजकपूर / 1955

6

दिल का हाल सुने दिलवाला
सीधी सी बात न मिर्च मसाला
कहके रहेगा कहने वाला!

छोटे से घर में गरीब का बेटा
मैं भी हूं मां के नसीब का बेटा
रंजो-ग़म बचपन के साथी
आंसुओं से जली जीवन बाती
भूख ने है बड़े प्यार से पाला!

बूढ़े दरोगा ने चश्मे से देखा
आगे से देखा पीछे से देखा
ऊपर से देखा नीचे से देखा
बोला ये क्या कर बैठे घोटाला
हाय रे क्या कर बैठे घोटाला
ये तो है थानेदार का साला

ग़म से अभी आजाद नहीं हूं
खुश हूं मगर आबाद नहीं हूं
मंजिल मेरे पास खड़ी है
पांव में लेकिन बेड़ी पड़ी है
टांग अड़ाता है दौलत वाला
सुन लो मगर ये किसी से न कहना
तिनके का लेकर सहारा न बहना
बेमौसम मल्हार न गाना
आधी रात को मत चिल्लाना
वर्ना पकड़ लेगा पोलिसवाला!

संगीतकार : शंकर जयकिशन / गायक : मन्नाडे / फिल्म : श्री 420
पर्दे पर अदाकार : राजकपूर / 1955

7

सुर न सजे क्या गाऊं मैं
सुर के बिना जीवन सूना

दोनों जहां मुझसे रूठे
तेरे बिना ये गीत भी झूठे
जलता गया जीवन मेरा
इस रात का न होगा सवेरा

संगीत मन को पंख लगाये
गीतों से रिमझिम बरसाए
स्वर की साधना परमेश्वर की!

संगीतकार : शंकर जयकिशन / गायक : मन्नाडे / फिल्म : बसंत बहार
पर्दे पर अदाकार : भारत भूषण / 1956

8

मुन्ना बड़ा प्यारा अम्मी का दुलारा
कोई कहे चांद कोई कहे आंख का तारा
हंसे तो भला लगे, रोये तो भला लगे
अम्मी को इसके सिवा कुछ भी अच्छा न लगे
तुमको लगे मेरी उमर
जियो मेरे लाल!
जियो मेरे लाल!!
इक दिन वो मां से बोला–क्यूं फूंकती है चूल्हा
क्यूं न रोटियों का पेड़ हम लगा लें
रोटी तोड़ें आम तोड़ें रोटी आम खा लें
अम्मी को आई हंसी हंसके कहने लगी
बेटा मेहनत के बिना
रोटी किस घर में पकी
जियो मेरे लाल!
जियो मेरे लाल!!

इक दिन यूं छिपा मुन्ना ढूंढ़े न मिला मुन्ना
कुर्सियों के पीछे बिस्तरों के नीचे
देखा कोना-कोना सब थे सांस खींचे
कहां गया, कैसे गया सब थे परेशान
सारा जग ढूंढ़ थके, कहीं मुन्ना न मिला
मिला तो प्यार भरी
मां की आंखों में मिला
जियो मेरे लाल!
जियो मेरे लाल!!

संगीतकार : सलिल चौधरी / गायक : किशोर कुमार
फिल्म : मुसाफिर /1957

9

आ जा रे परदेसी
मैं तो कब से खड़ी इस पार
ये अंखियां थक गईं पंथ निहार
आ जा रे परदेसी
मैं दिये की ऐसी बाती
जल न सकी जो बुझ भी न पाती
आ मिल मेरे जीवन साथी
आ जा रे परदेसी
तुम संग जनम-जनम के फेरे
भूल गये क्यों साजन मेरे
तड़पत हूं मैं सांझ सबेरे
आ जा रे परदेसी
मैं नदिया फिर भी मैं प्यासी
भेद ये गहरा बात जरा सी
बिन तेरे हर सांस उदासी
आ जा रे परदेसी

संगीतकार : सलिल चौधरी / गायक : लता / फिल्म : मधुमती
पर्दे पर अदाकारा : वैजयन्ती माला / 1958

10

किसी की मुस्कुराहटों पे हो निसार
किसी का दर्द मिल सके तो ले उधार
किसी के वास्ते हो तेरे दिल में प्यार
जीना इसी का नाम है
माना अपनी जेब से फकीर हैं
फिर भी यारो दिल के हम अमीर हैं
लुटे जो प्यार के लिए वो ज़िंदगी
जले बहार के लिए वो ज़िंदगी
किसी को हो न हो हमें है ऐतबार
जीना इसी का नाम है
रिश्ता दिल से दिल के ऐतबार का
जिन्दा है हमीं से नाम प्यार का
कि मर के भी किसी के काम आयेंगे
किसी के आंसुओं में मुस्कुरायेंगे
कहेगा फूल हर कली से बार-बार
जीना इसी का नाम है

संगीतकार : शंकर जयकिशन / गायक : मुकेश / फिल्म : अनाड़ी
पर्दे पर अदाकार : राजकपूर / 1959

11

सूरज जरा
आ पास आ
आज सपनों की रोटी पकायेंगे हम
अय आस्मां
तू बड़ा मेहरबां
आज तुझको भी दावत खिलायेंगे हम

चूल्हा है ठंडा पड़ा
और पेट में आग है
गर्मागरम रोटियां

कितना हसीं ख़्वाब है

आलू टमाटर का साग
इमली की चटनी बने
रोटी करारी सिके
घी उसपे असली लगे!

संगीतकार : शंकर जयकिशन / गायक : मन्नाडे / फिल्म : उजाला
पर्दे पर अदाकार : शम्मीकपूर / 1959

12

होंठों पे सचाई रहती है जहां दिल में सफाई रहती है
हम उस देश के वासी हैं
हम उस देश के वासी हैं जिस देश में गंगा बहती है!

मेहमां जो हमारा होता है वो जान से प्यारा होता है
ज्यादा की नहीं लालच हमको थोड़े में गुजारा होता है
बच्चों के लिए जो धरती मां
सदियों से सभी कुछ सहती है
हम उस देश के वासी हैं जिस देश में गंगा बहती है!

कुछ लोग जो ज्यादा जानते हैं, इंसान को कम पहचानते हैं
ये पूरब है, पूरब वाले हर जान की कीमत जानते हैं
हिल मिल के रहो और प्यार करो
इक चीज यही तो रहती है
हम उस देश के वासी हैं जिस देश में गंगा बहती है!

जो जिससे मिला सीखा हमने
गैरों को भी अपनाया हमने
मतलब के लिए अंधे बनकर रोटी को नहीं पूजा हमने
अब हम तो क्या सारी दुनिया सारी दुनिया से कहती है
हम उस देश के वासी हैं जिस देश में गंगा बहती है!

संगीतकार : शंकर जयकिशन / गायक : मुकेश / फिल्म : जिस देश में गंगा बहती है
पर्दे पर अदाकार : राजकपूर / 1960

13

कैसे मनाऊं पिउवा, गुन एकउ मेरे नाहीं
आई मिलन की बेला, घबराऊं मन माहीं

अपने और पराए ड्यौढ़ी तक ही आए
बीच भंवर की नदिया प्रीतम पार बुलाए
तेरे दरस की प्यासी दो अंखियां अकुलाईं!
साजन मेरे आए धड़कन बढ़ती जाए
नैना झुकते जाएं घूंघट ढलता जाए
तुझसे क्यों शरमाए आज तेरी परछाईं!
मैं अंजान पराई द्वार तिहारे आई
तुमने मुझे अपनाया प्रीत की रीति निभाई
हाय रे मन की कलियां फिर भी खिल न पाईं!

संगीतकार : सलिल चौधरी / गायक : मुकेश
फिल्म : चार दीवारी / 1961

14

झूमती चली हवा याद आ गया कोई
बुझती-बुझती याद को फिर जला गया कोई

खो गई हैं मंज़िलें, मिट गये हैं रास्ते
गर्दिशें ही गर्दिशें, अब हैं मेरे वास्ते
और ऐसे में मुझे फिर बुला गया कोई

चुप है चांद चांदनी, चुप ये आसमान है
मीठी मीठी नींद में सो रहा जहान है
आज आधी रात को, क्यों जगा गया कोई!

संगीतकार : एस.एन.त्रिपाठी / गायक : मुकेश
फिल्म : संगीत सम्राट / 1962

15

बहुत दिया देने वाले ने तुझको
आंचल ही न समाय
तो क्या कीजे
बीत गए जैसे ये दिन रैना
बाकी भी कट जाएं
दुआ कीजे!

जो भी दे दे मालिक तू कर ले कुबूल
कभी-कभी कांटों में भी खिलते हैं फूल
वहां देर भले है
अंधेर नहीं
घबरा के यूं गिला मत कीजे!

देंगे दुःख कब तक भरम के ये चोर
ढलेगी ये रात प्यारे, फिर होगी भोर
कब रोके से रुकेगी
समय की नदिया
घबरा के यूं गिला
मत कीजे!

बहुत दिया देने वाले ने तुझको
आंचल ही न समाय
तो क्या कीजे!

संगीतकार : सचिन देव बर्मन / गायक : मुकेश / फिल्म : सूरत और सीरत
पर्दे पर अदाकार : नेपथ्यगीत / 1962

16

अब के बरस भेज भइया को बाबुल सावन में लीजो बुलाय रे
लौटेंगी जब मेरे बचपन की सखियां दीजो संदेशा पठाय रे!

बैरन जवानी ने छीने खिलौने और मेरी गुड़िया चुराई

बाबुल मैं थी तेरे नाज़ों की पाली फिर क्यों हुई मैं पराई
बीते रे जुग कोई चिठिया न पाती न कोई नैहर से आय रे!

अंबुवा तले फिर से झूले पड़ेंगे रिमझिम पड़ेंगी फुहारें
लौटेंगी फिर तेरे आंगन में बाबुल सावन की ठंडी बहारें
छलके नयन मोरा कसके रे जियरा बचपन की जब याद आय रे!

संगीतकार : सचिन देव बर्मन / गायिका : आशा भोसले / फिल्म : बंदिनी
पर्दे पर अदाकार : एक सहायक कलाकार, फिल्म की नायिका नूतन को लक्षित / 1963

17

पूछो न कैसे मैंने रैन बिताई
इक पल जैसे इक युग बीता
जुग बीते मोहे नींद न आई
पूछो न कैसे मैंने रैन बिताई
उत जले दीपक, इत मन मेरा
फिर भी न जाए मेरे मन का अंधेरा
तड़पत तरसत उमर गंवाई
पूछो न कैसे मैंने रैन बिताई
न कहीं चंदा न कहीं तारे
जोत के प्यासे मेरे नयन बिचारे
भोर भी आस की किरन न लाई
पूछो न कैसे मैंने रैन बिताई!

संगीतकार : सचिन देव बर्मन / गायक : मन्नाडे / फिल्म : मेरी सूरत तेरी आंखें
पर्दे पर अदाकार : अशोक कुमार / 1963

18

कोई लौटा दे मेरे बीते हुए दिन
बीते हुए दिन वो मेरे प्यारे पल छिन

मेरे ख़्वाबों के महल, मेरे सपनों के नगर

पी लिया जिनके लिए, मैंने जीवन का जहर
आज मैं ढूंढूं कहां, खो गए जाने किधर
बीते हुए दिन वो मेरे प्यारे पल छिन

मैं अकेला तो न था, थे मेरे साथी कई
इक आंधी सी उठी, जो भी था ले के गई
ऐसे भी दिन थे कभी, मेरी दुनिया थी मेरी
बीते हुए दिन वो मेरे प्यारे पल छिन

संगीतकार, गायक, पर्दे पर अदाकार : किशोर कुमार
फिल्म : दूर गगन की छांव में / 1964

19

वहां कौन है तेरा, मुसाफिर जायेगा कहां
दम ले ले घड़ी भर, ये छैयां पायेगा कहां!

बीत गए दिन प्यार के पल छिन
सपना बनी वो रातें
भूल गये वो
तू भी भुला दे
प्यार की वो मुलाकातें
सब दूर अंधेरा, मुसाफिर जायेगा कहां!

कोई भी तेरी राह न देखे
नैना बिछाए न कोई
दर्द से तेरे
कोई न तड़पा
आंख किसी की न रोई
कहे किसको तू मेरा, मुसाफिर जायेगा कहां!

कहते हैं ज्ञानी दुनिया है फानी
पानी पे लिखी लिखाई
है सबकी देखी

है सबकी जानी
हाथ किसी के ना आई
कुछ तेरा न मेरा, मुसाफिर जायेगा कहां!

संगीतकार : सचिन देव बर्मन / फिल्म : गाइड
पर्दे पर अदाकार : नेपथ्यगीत, नायक देव आनन्द पर लक्षित / 1967

20

सजनवा बैरी हो गये हमार!

जाए बसे परदेस सजनवा सौतन के भरमाए
न संदेस न कौनउं खबरिया रुत आए रुत जाए
डूब गए हम बीच भंवर में करके सोलह पार
करमवा बैरी हो गये हमार!
सूनी सेज गोद मोरी सूनी मरम न जाने कोय
छटपट तड़पे प्रीत बेचारी ममता आंसू रोय
ना कोई इस पार हमारा ना कोई उस पार
सजनवा बैरी हो गये हमार!

संगीतकार : शंकर जयकिशन / गायक : मुकेश / फिल्म : तीसरी कसम
पर्दे पर अदाकार : राजकपूर / 1966

21

नन्हें मुन्ने बच्चे तेरी मुट्ठी में क्या है?
मुट्ठी में है तकदीर हमारी
हमने किस्मत को वश में किया है!

भोली भाली मतवाली आंखों में क्या है?
आंखों में झूमे उम्मीदों की दीवाली
आने वाली दुनिया का सपना सजा है!

भीख में जो मोती मिलें लोगे या न लोगे

ज़िंदगी के आंसुओं का बोलो क्या करोगे?

भीख में जो मोती मिलें तो भी हम न लेंगे
ज़िंदगी के आंसुओं की माला पहिनेंगे
मुश्किलों से लड़ते भिड़ते जीने में मजा है!

हमसे न छिपाओ बच्चो हमें तो बताओ
आने वाली दुनिया कैसी होगी समझाओ?

आने वाली दुनिया में सबके सर पे ताज होगा
न भूखों की भीड़ होगी न दुःखों का राज होगा
बदलेगा जमाना ये सितारों पे लिखा है!

नन्हें मुन्ने बच्चे तेरी मुट्ठी में क्या है?
मुट्ठी में है तकदीर हमारी
हमने किस्मत को वश में किया है!

संगीतकार : शंकर जय किशन / गायक : मोहम्मद रफी, आशा भोसले, उषा मंगेशकर
फिल्म : बूट पालिस / पर्दे पर अदाकार : डेविड, बेबी नाज, रतन कुमार / 1954

शैलेन्द्र : जीवन वृत्त

(शंकर सिंह शैलेन्द्र)

जन्म	:	30 अगस्त, 1923, रावलपिंडी
निधन	:	14 दिसम्बर, 1966
गीत लेखन	:	171 हिन्दी फिल्मों में तथा 6 भोजपुरी फिल्मों में लगभग 800 गीत लिखे
लोकप्रिय फिल्में	:	आवारा, दो बीघा जमीन, श्री 420, जिस देश में गंगा बहती है, संगम, आह, सीमा, मधुमती, जागते रहो, गाइड, काला बाजार, बूट पालिस, यहूदी, अनाड़ी, पतिता, दाग, मेरी सूरत तेरी आंखें, बन्दिनी, गुमनाम, तीसरी कसम
पहला गीत	:	बरसात में हमसे मिले तुम सजन *(बरसात, 1949)*
अन्तिम गीत	:	तुम प्यार से देखो *(सपनों का सौदागर)*
फिल्म फेयर पुरस्कार (गीत लेखन के लिए)	:	ये मेरा दीवानापन है *(यहूदी, 1958)* सब कुछ सीखा हमने *(अनाड़ी, 1959)* मैं गाऊं तुम सो जाओ *(ब्रह्मचारी, 1968)*
फिल्म निर्माण	:	तीसरी कसम (1966), (राष्ट्रपति के स्वर्ण पदक से सम्मानित)
प्रकाशित काव्य संग्रह	:	न्यौता और चुनौती (1955)
अभिनय	:	नया घर, बूट पालिस, श्री 420, मुसाफिर
संवाद लेखन	:	परख

अन्य लोकप्रिय गीत

क्र. 1 से 120 तक के गीतों के संगीतकार शंकर-जयकिशन, 121 से 142 तक के गीतों के संगीतकार सचिन देव बर्मन, 143 से 163 तक के गीतों के संगीतकार सलिल चौधरी हैं। बाद में प्रत्येक गीत के आगे उसे संगीतबद्ध करने वाले संगीतकार का नाम दिया गया है।

1. हमसे मिले तुम सजन, तुमसे मिले हम बरसात में
   फिल्म : बरसात *गायक : लता, मुकेश*
2. मुझको ये जहर न चाहिए, मुझको चाहिए बहार
   फिल्म : आवारा *गायक : मन्नाडे*
3. घर आया मेरा परदेसी, प्यास बुझी इन अंखियन की
   फिल्म : आवारा *गायिका : लता*

4. एक दो तीन, आजा मौसम है रंगीन

फिल्म : आवारा *गायक : मुकेश*

5. अनमोल प्यार बिन मोल बिके दुनिया के बाजार में

फिल्म : बादल *गायक : रफी*

6. तूने हाय मेरे जख़्म-ए-जिगर को छू लिया

फिल्म : नगीना *गायिका : लता*

7. रोऊं मैं सागर के किनारे सागर हंसी उड़ाये

फिल्म : नगीना *गायक : सी.एच. आत्मा*

8. प्रीत ये कैसी बोल री दुनिया, रीत ये कैसी बोल

फिल्म : दाग *गायिका : लता*

9. कारे बदरा तू न जा, न जा

फिल्म : शिकस्त *गायिका : लता*

10. हैं सबसे मधुर वे गीत जिन्हें हम दर्द के सुर में गाते हैं

फिल्म : पतिता *गायक : तलत महमूद*

11. राजा की आयेगी बारात, रंगीली होगी रात, मगन मैं नाचूंगी

फिल्म : आह *गायिका : लता*

12. ये शाम की तनहाइयां ऐसे में तेरा गम

फिल्म : आह *गायिका : लता*

13. ठहर जरा ओ जाने वाले, बाबू मिस्टर गोरे काले

फिल्म : बूट पालिस *गायक : मन्नाडे, आशा भोसले*

14. तुम्हारे हैं तुमसे दया माँगते हैं, तेरे लाडलों की दुआ मांगते हैं

फिल्म : बूट पालिस

15. लपक झपक तू आ रे बदरवा

फिल्म : बूट पालिस *गायक : मन्नाडे*

16. नैन से नैन हुए चार, आज मेरा दिल आ गया

फिल्म : औरत *गायिका : लता*

17. रुलाकर चल दिये एक दिन, हंसी बनकर जो आए थे

फिल्म : बादशाह *गायक : हेमन्त कुमार*

18. ये दुनिया बनाई किस बेरहम ने

फिल्म : औरत *गायिका : लता*

19. पतिव्रता सीतामाई को दिया तूने बनवास

फिल्म : आवारा *गायक : रफी एवं कोरस*

20. मुड़ मुड़ के न देख मुड़ मुड़ के

फिल्म : श्री 420 *गायक : मन्नाडे, लता*

21. प्यार हुआ इकरार हुआ है, प्यार से फिर क्यूं डरता है दिल
फिल्म : श्री 420 *गायक : मन्नाडे, लता*

22. रमय्या वस्तावय्या मैंने दिल तुझको दिया
फिल्म : श्री 420 *गायक : रफी, मुकेश, लता*

23. ये रात भीगी-भीगी ये मस्त फ़िज़ाएं
फिल्म : चोरी-चोरी *गायक : मन्नाडे, लता*

24. याद किया दिल ने कहां हो तुम
फिल्म : पतिता *गायक : हेमन्त कुमार, लता*

25. मन भावन के घर जाये गोरी
फिल्म : चोरी-चोरी *गायिका : आशा भोसले*

26. मैं गाऊं तुम सो जाओ, सुख सपनों में खो जाओ
फिल्म : ब्रह्मचारी *गायक : रफी*

27. कहां जा रहा है तू ऐ जाने वाले
फिल्म : सीमा *गायक : रफी*

28. मेरे तुम्हारे बीच में अब तो न पर्वत न सागर
फिल्म : झुक गया आसमान *गायिका : लता*

29. अजब है दास्तां तेरी ऐ ज़िंदगी, कभी हंसा दिया रुला दिया कभी
फिल्म : शरारत *गायक : रफी*

30. मुझे तुमसे कुछ भी न चाहिए, मुझे मेरे हाल पे छोड़ दो
फिल्म : कन्हैया *गायक : मुकेश*

31. रुक जा ओ जानेवाली रुक जा
फिल्म : कन्हैया *गायक : मुकेश*

32. नी बलिए रुत है बहार की
फिल्म : कन्हैया *गायक : मुकेश, लता*

33. सब कुछ सीखा हमने न सीखी हुशियारी
फिल्म : अनाड़ी *गायक : मुकेश*

34. तेरा जाना दिल के अरमानों का लुट जाना
फिल्म : अनाड़ी *गायिका : लता*

35. भैया मेरे राखी के बंधन को निभाना
फिल्म : छोटी बहन *गायिका : लता*

36. मैं रिक्शावाला
फिल्म : छोटी बहन *गायक : रफी*

37. दिल अपना और प्रीत पराई, किसने है ये रीत बनाई
फिल्म : दिल अपना और प्रीत पराई *गायिका : लता*

38. मतवाली नार ठुमक ठुमक चली जाए
फिल्म : एक फूल चार कांटे *गायक : मन्नाडे*
39. मेरा नाम राजू घराना अनाम
फिल्म : जिस देश में गंगा बहती है *गायक : मुकेश*
40. प्यार कर ले नईं तो फांसी चढ़ जायेगा
फिल्म : जिस देश में गंगा बहती है *गायक : मुकेश*
41. बेगानी शादी में अब्दुल्ला दीवाना
फिल्म : जिस देश में गंगा बहती है *गायक : मुकेश, लता*
42. हम भी हैं तुम भी हो दोनों हैं आमने-सामने
फिल्म : जिस देश में गंगा बहती है *गायक : मुकेश, लता, आशा, महेन्द्र कपूर*
43. ओ बसंती पवन पागल
फिल्म : जिस देश में गंगा बहती है *गायिका : लता*
44. आ अब लौट चलें
फिल्म : जिस देश में गंगा बहती है *गायक : मुकेश, लता*
45. हम तुमसे मोहब्बत करके सनम, हंसते भी रहे रोते भी रहे
फिल्म : आवारा *गायक : मुकेश*
46. अंधे जहान के अंधे रास्ते जाएं तो जाएं कहां
फिल्म : पतिता *गायक : तलत महमूद*
47. मनमोहना बड़े झूठे
फिल्म : सीमा *गायिका : लता*
48. मंजिल वही है प्यार की राही बदल गये
फिल्म : कठपुतली *गायक : सुबीर सेन*
49. छोटी सी ये जिंदगानी रे, चार दिन की जवानी तेरी
फिल्म : आह *गायक : मुकेश*
50. मेरा दिल अब तेरा ओ साजन
फिल्म : दिल अपना और प्रीत पराई *गायिका : लता*
51. ये मेरा दीवानापन है या मुहब्बत का सुरूर
फिल्म : यहूदी *गायक : मुकेश*
52. बोल री कठपुतली डोरी कौन संग बांधी
फिल्म : कठपुतली *गायिका : लता*
53. टीन कनस्तर पीट-पीट कर गला फाड़कर चिल्लाना
फिल्म : लव मैरिज *गायक : रफी*
54. तुम तो दिल के तार छेड़कर खो गये बेखबर
फिल्म : रूप की रानी चोरों का राजा *गायक : तलत महमूद*
55. एक सवाल तुम करो, एक सवाल मैं करूं
फिल्म : ससुराल *गायक : रफी, लता*

56. लाखों तारे आसमान में एक मगर ढूंढ़े न मिला
फिल्म : हरियाली और रास्ता *गायक : मुकेश, लता*
57. ये हरियाली और ये रास्ता
फिल्म : हरियाली और रास्ता *गायिका : लता*
58. छोटी सी ये दुनिया पहचाने रास्ते हैं
फिल्म : रंगोली *गायक : किशोर कुमार*
59. मैं आशिक हूं बहारों का
फिल्म : आशिक *गायक : मुकेश*
60. ओ शमा मुझे फूंक दे
फिल्म : आशिक *गायक : मुकेश, लता*
61. तुम जो हमारे मीत न होते, गीत हमारे ये गीत न होते
फिल्म : आशिक *गायक : मुकेश*
62. तुम आज मेरे संग हंस लो, तुम आज मेरे सँग गा लो
फिल्म : आशिक *गायक : मुकेश*
63. तुम ही तुम हो मेरे जीवन में, फूल ही फूल हैं जैसे चमन में
फिल्म : एक दिल सौ अफसाने *गायक : मुकेश, लता*
64. दिल मेरा एक आस का पंछी उड़ता है ऊंचे गगन में
फिल्म : आस का पंछी *गायक : सुबीर सेन*
65. रुक जा रात ठहर जा रे चंदा, बीते न मिलन की रैना
फिल्म : दिल एक मंदिर *गायिका : लता*
66. याद न जाए बीते दिनों की
फिल्म : दिल एक मंदिर *गायक : रफी*
67. बहार बनके वो मुस्कुराये हमारे गुलशन में
फिल्म : अपने हुए पराये *गायक : सुबीर सेन, लता*
68. याहू, चाहे कोई मुझे जंगली कहे
फिल्म : जंगली *गायक : रफी*
69. असली क्या है नकली क्या है पूछो दिल से मेरे
फिल्म : असली नकली *गायक : रफी*
70. सौ साल पहले मुझे तुमसे प्यार था
फिल्म : जब प्यार किसी से होता है *गायक : रफी*
71. जिसके लिए तड़पे हम सारा जीवन, यही है वो सांझ और सबेरा
फिल्म : सांझ और सबेरा *गायिका : लता*
72. रात और दिन दिया जले मेरे मन में फिर भी अंधियारा है
फिल्म : रात और दिन *गायक : मुकेश*

73. बोल राधा बोल संगम होगा कि नहीं
फिल्म : संगम *गायक : मुकेश, वैजयन्ती माला*

74. हर दिल जो प्यार करेगा वो गाना गायेगा
फिल्म : संगम *गायक : मुकेश, लता, महेन्द्र कपूर*

75. दोस्त दोस्त न रहा प्यार प्यार न रहा
फिल्म : संगम *गायक : मुकेश*

76. ओ मेरे सनम
फिल्म : संगम *गायक : मुकेश*

77. अंग लग जा बालमा
फिल्म : मेरा नाम जोकर *गायिका : आशा भोसले*

78. चली कौन से देश गुजरिया तू सज धज के
फिल्म : बूट पालिस

79. सपनों का सौदागर आया ले लो ये सपने ले लो
फिल्म : सपनों का सौदागर *गायक : मुकेश*

80. जोशे जवानी हाय रे हाय, निकले जिधर से धूम मचाए
फिल्म : अराउन्ड द वर्ल्ड *गायक : मुकेश*

81. सजन रे झूठ मत बोलो खुदा के पास जाना है
फिल्म : तीसरी कसम *गायक : मुकेश*

82. सजनवा बैरी हो गये हमार
फिल्म : तीसरी कसम *गायक : मुकेश*

83. चलत मुसाफिर मोह लियो रे पिंजरे वाली मुनिया
फिल्म : तीसरी कसम *गायक : मन्नाडे*

84. लाली लाली डोलिया में लाली रे दुलहनियां
फिल्म : तीसरी कसम *गायिका : आशा भोंसले*

85. पान खाएं सैंया हमारो सांवरी सूरतिया होंठ लाल लाल
फिल्म : तीसरी कसम *गायिका : लता*

86. दीवाना मुझको लोग कहें, मैं समझूं जग है दीवाना
फिल्म : दीवाना *गायक : मुकेश*

87. हम तो जाते अपने गांव, अपनी राम राम राम
फिल्म : दीवाना *गायक : मुकेश*

88. तुम्हारी भी जै जै हमारी भी जै जै न तुम हारे न हम हारे
फिल्म : दीवाना *गायक : मुकेश*

89. पते की बात कहेगा कहेगा जब भी दीवाना
फिल्म : दीवाना *गायक : मुकेश*

90. ऐ प्यासे दिल बेजुबां ले जाऊं तुझको कहां
फिल्म : बेगुनाह *गायक : मुकेश*
91. मैं गाऊं तुम सो जाओ सुख सपनों में खो जाओ
फिल्म : ब्रह्मचारी *गायक : रफी*
92. आजकल तेरे मेरे प्यार के चर्चे हर जुबान पर
फिल्म : ब्रह्मचारी *गायक : रफी, सुमन*
93. धानी चुनरी पहन सजके बनके दुल्हन
फिल्म : हरे कांच की चूड़ियां *गायिका : आशा भोंसले*
94. डूबते हुए दिल को तिनके सहारा भी नहीं
फिल्म : कहीं और चल *गायक : रफी*
95. नैन मिले चैन कहां, हम हैं वहीं दिल है जहां
फिल्म : बसंत बहार *गायिका : लता*
96. केतकी गुलाब जुही चंपक बन फूले
फिल्म : बसंत बहार *गायक : मन्नाडे*
97. ये वादा करो चांद के सामने, भुला तो न दोगे मेरे प्यार को
फिल्म : राजहठ *गायक : मुकेश, लता*
98. किसी ने अपना बना के मुझको मुस्कुराना सिखा दिया
फिल्म : पतिता *गायिका : लता*
99. देखो जी देखो एक बार इस तरफ देखो
फिल्म : आस *गायक : मुकेश, लता*
100. कहे झूम-झूम रात ये सुहानी
फिल्म : लव मैरिज *गायिका : लता*
101. जाओ रे, जोगी तुम जाओ रे
फिल्म : आम्रपाली *गायिका : लता*
102. अजहूं न आए बालमा सावन बीता जाए
फिल्म : सांझ और सबेरा *गायक : मन्नाडे, लता*
103. हमसे न पूछो प्यार क्या है पूछो बहार से
फिल्म : हलाकू *गायिका : लता*
104. मन रे तू ही बता क्या गाऊं
फिल्म : हमराही *गायिका : लता*
105. हमें भी दे दो सहारा कि बेसहारे हैं
फिल्म : सीमा *गायक : मन्नाडे*
106. भय भंजना
फिल्म : बसंत बहार *गायक : मन्नाडे*

107. आज कल में ढल गया दिन हुआ तमाम

फिल्म : बेटे बेटी *गायक : रफी, लता*

108. आ जा आई बहार दिल है बेकरार

फिल्म : राजकुमार *गायिका : लता*

109. ऐ आस्मां के राही तू ही गवाह रहना

फिल्म : करोड़पति *गायक : रफी*

110. पर्दे में रहने दो पर्दा न उठाओ

फिल्म : शिकार *गायिका : आशा भोंसले*

111. दो कदम तुम भी चलो दो कदम हम भी चलें

फिल्म : एक हसीना दो दीवाने *गायक : मुकेश, लता*

112. मैं राही भटकने वाला हूं कोई क्या जाने मतवाला हूं

फिल्म : बादल *गायक : मुकेश*

113. न जाने तुम कौन मेरी आंखों में समा गए

फिल्म : पटरानी *गायिका : लता*

114. सता ले ऐ जहां, न खोलेंगे जुबां

फिल्म : ससुराल *गायक : मुकेश*

115. बेरहम मार न डाले मुझको तेरा गम, अब तो आजा

फिल्म : पर्वत *गायिका : लता*

116. दो दिन की जिंदगी में दुखड़े हैं बेशुमार

फिल्म : पूनम *गायिका : लता*

117. सबेरे वाली गाड़ी से चले जाएंगे

फिल्म : लाट साहब *गायक : रफी*

118. सुनो जी सुनो हमारी भी सुनो

फिल्म : एक दिल सौ अफसाने *गायक : मुकेश*

119. जूही की कली मेरी लाडली

फिल्म : दिल एक मंदिर *गायक : सुमन कल्याणपुर*

120. तितली उड़ी, उड़ जो चली, फूल ने कहा आ जा मेरे पास

फिल्म : सूरज *गायिका : शारदा*

121. मत रो माता लाल तेरे बहुतेरे

फिल्म : बंदिनी *गायक : मन्नाडे*

122. ओ जाने वाले हो सके तो लौट के आना

फिल्म : बंदिनी *गायक : मुकेश*

123. ओ रे मांझी, मेरे साजन हैं उस पार

फिल्म : बंदिनी *गायक : सचिन देव बर्मन*

124. जोगी जब से तू आया मेरे द्वारे, मेरे रँग गये सांझ सकारे
फिल्म : बंदिनी *गायिका : लता*

125. नाचे मन मोरा मगन तिक दा धीगी-धीगी
फिल्म : मेरी सूरत तेरी आंखें *गायक : रफी*

126. तेरे बिन सूने नयन हमारे
फिल्म : मेरी सूरत तेरी आंखें *गायक : रफी, लता*

127. आज फिर जीने की तमन्ना है आज फिर मरने का इरादा है
फिल्म : गाइड *गायिका : लता*

128. दिन ढल जाए हाय रात न जाय
फिल्म : गाइड *गायक : रफी*

130. गाता रहे मेरा दिल तू ही मेरी मंजिल
फिल्म : गाइड *गायक : किशोर, लता*

131. तेरे मेरे सपने सब एक ही रंग हैं
फिल्म : गाइड *गायक : रफी*

132. क्या से क्या हो गया बेवफा तेरे प्यार में
फिल्म : गाइड *गायक : रफी*

133. पिया तोसे नैना लागे रे
फिल्म : गाइड *गायिका : लता*

134. सूरज के जैसी गोलाई, चंदा सी ठंडक पाई
फिल्म : काला बाजार *गायक : रफी*

135. सच हुए सपने तेरे, झूम ले ओ मन मेरे
फिल्म : काला बाजार *गायिका : आशा भोंसले*

136. खोया-खोया चांद खुला आसमान
फिल्म : काला बाजार *गायक : रफी*

137. अपनी तो हर आह एक तूफान है
फिल्म : काला बाजा *गायक : रफी*

138. रुला के गया सपना मेरा
फिल्म : ज्वेल थीफ *गायिका : लता*

139. हम तुम जिसे कहते हैं शादी
फिल्म : कागज के फूल *गायक : रफी*

140. चांद सा मुखड़ा क्यों शरमाया
फिल्म : इंसान जाग उठा *गायक : रफी, आशा*

141. तुम हमें प्यार करो या न करो, हम तुम्हें प्यार किये जाएंगे
फिल्म : कैसे कहूं *गायिका : लता*

142. जाने न हाय ये दुनिया जाने न दिल की लगी
फिल्म : बुजदिल *गायिका : लता*

143. सुहाना सफर और ये मौसम हंसीं
फिल्म : मधुमती *गायक : मुकेश*

144. जंगल में मोर नाचा किसने देखा
फिल्म : मधुमती *गायक : रफी*

145. जुल्मी संग आंख लड़ी
फिल्म : मधुमती *गायिका : लता*

146. दिल तड़प-तड़प के कह रहा है आ भी जा
फिल्म : मधुमती *गायक : मुकेश, लता*

147. घड़ी-घड़ी मेरा दिल धड़के
फिल्म : मधुमती *गायिका : लता*

148. दैया रे दैया रे चढ़ गयो पापी बिछुआ
फिल्म : मधुमती *गायिका : लता*

149. धरती कहे पुकार के बीज बिछा दे प्यार के
फिल्म : दो बीघा जमीन *गायक : मन्नाडे, लता*

150. ओ सजना बरखा बहार आई रस की फुहार लाई
फिल्म : परख *गायिका : लता*

151. क्या हवा चली ओ बाबा रुत बदली
फिल्म : परख *गायक : मन्नाडे*

152. छोटा सा घर होगा बादलों की छांव में
फिल्म : नौकरी *गायक : किशोर कुमार*

153. जा तो से नाहीं बोलूं रे कन्हैया
फिल्म : परिवार *गायक : मन्नाडे, लता*

154. झिर झिर झिर झिर बरसे ओ बदरवा कारे
फिल्म : परिवार *गायक : हेमन्त कुमार, लता*

155. ज़िंदगी ख़्वाब है ख़्वाब में झूठ क्या
फिल्म : जागते रहो *गायक : मुकेश*

156. जागो मोहन प्यारे
फिल्म : जागते रहो *गायिका : लता, कोरस*

157. रात ने क्या क्या ख़्वाब दिखाये
फिल्म : एक गांव की कहानी *गायक : तलत महमूद*

158. टूटे हुए ख़्वाबों ने हमको ये सिखाया है
फिल्म : मधुमती *गायक : रफी*

159. आहा, रिमझिम के ये प्यारे-प्यारे गीत लिए

फिल्म : उसने कहा था *गायक : तलत महमूद, लता*

160. डोल गई धरती की काया, डोल गया आकाश/सुनो सीता की कहानी

फिल्म : बिराज बहू *गायक : मन्नाडे*

161. झूमे रे नीला अंबर झूमे रे, धरती को चूमे रे

फिल्म : एक गांव की कहानी *गायक : तलत महमूद, लता*

162. गोरी बाबुल का घर है अब बिदेसवा

फिल्म : चारदीवारी

163. नींद परी लोरी गाए मां झुलाए पालना, सो जा मेरे लालना

फिल्म : चारदीवारी

164. नैनों में सावन मन मेरे फागुन

फिल्म : आनन्दमठ *गायक : गीतादत्त, हेमन्त कुमार*

संगीत : हेमन्त कुमार

165. आ रे भंवरे आ, महके मेरी मन की बगिया

फिल्म : आनन्दमठ *गायिका : गीतादत्त*

संगीत : हेमन्त कुमार

166. मेरे दिल की धड़कन क्या बोले

फिल्म : अनहोनी *गायक : लता, तलत महमूद*

संगीत : रोशन

167. ऊंच नीच का भेद मिटाकर गले मिले सारे इन्सान

फिल्म : हम भी इन्सान हैं *गायक : हेमन्त कुमार*

संगीत : हेमन्त कुमार

168. जाने कैसे सपनों में खो गई अंखियां

फिल्म : अनुराधा *गायिका : लता*

संगीत : पं. रविशंकर

169. साथ हो तुम और रात जवां

फिल्म : कांच की गुड़िया *गायक : मुकेश, आशा*

संगीत : सुहृदकर

170. आ जा री आ निंदिया तू आ

फिल्म : दो बीघा जमीन *गायिका : लता*

171. हरियाला सावन ढोल बजाता आया रे

फिल्म : दो बीघा जमीन

172. हम आपकी महफिल में भूले से चले आये

फिल्म : जब से तुम्हें देखा है *गायक : रफी*

संगीत : दत्ताराम

173\. फिर वो भूली सी याद आई

फिल्म : बेगाना *गायक : रफी*

संगीत : सपन जगमोहन

174\. एक हंसी शाम को दिल मेरा खो गया

फिल्म : बेगाना *गायक : रफी*

संगीत : सपन जगमोहन

175\. बड़े भोले हो, हंसते हो सुनके दुहाई, कन्हाई-कन्हाई

फिल्म : अर्द्धांगिनी *गायिका : लता*

संगीत : रोशन

176\. दुआ कर गमे दिल खुदा से दुआ कर

फिल्म : अनारकली *गायिका : लता*

संगीत : सी. रामचन्द्र

177\. आ जा अब तो आ जा, मेरी किस्मत के खरीदार

फिल्म : अनारकली *गायिका : लता*

178\. प्यार में मिलन सनम होता है तकदीर से

फिल्म : अर्द्धांगिनी *गायिका : लता*

संगीत : सी. रामचन्द्र

179\. आई हूं बड़ी आस लिए शरण तिहारी

फिल्म : कांच की गुड़िया *गायिका : आशा भोंसले*

संगीत : सुहृदकर

180\. एक नया दौर दुनिया में शुरू बच्चों के कदम से होगा

फिल्म : दीप जलता रहे *गायिका : आशा भोंसले*

संगीत : रोशन

181\. ये चमन हमारा अपना है, इस देश पे हमको नाज़ है

फिल्म : अब दिल्ली दूर नहीं *गायिका : आशा भोंसले*

संगीत : दत्ताराम

182\. मतवाली आंखों वाले ओ अलबेले दिलवाले

फिल्म : छोटे नवाब *गायक : रफी, लता*

संगीत : राहुल देव बर्मन

183\. इलाही तू सुन ले हमारी दुआ, हमें सिर्फ एक आसरा है तेरा

फिल्म : छोटे नवाब *गायक : रफी*

संगीत : राहुल देव बर्मन

184\. घर आ जा घिर आए बदरा सांवरिया

फिल्म : छोटे नवाब *गायिका : लता*

संगीत : राहुल देव बर्मन

185. नानी तेरी मोरनी को मोर ले गये
फिल्म : मासूम *गायक : रानू मुकर्जी*
संगीत : हेमन्त कुमार

186. बता दे कोई कौन गली गये श्याम
फिल्म : मधु *गायक : मन्नाडे*
संगीत : रोशन

187. झूमती चली हवा याद आ गया कोई
फिल्म : संगीत सम्राट तानसेन *गायक : मुकेश*
संगीत : एस.एन. त्रिपाठी

188. ले जा अपनी याद भी ले जा अब तो हो गई प्रीत पराई
फिल्म : बदनाम *गायिका : लता*
संगीत : बसंत प्रकाश

189. देश की धरती ने ललकारा
फिल्म : क्षत्रपति शिवाजी *गायक : चितलकर एवं कोरस*
संगीत : सी. रामचन्द्र

190. मोरे नैहर का मोह बड़ा, प्रीत बड़ी ससुराल की
फिल्म : क्षत्रपति शिवाजी *गायिका : लता*
संगीत : सी. रामचन्द्र

191. आजाद गगन, आजाद पवन, आजाद हुई धरती अपनी
फिल्म : क्षत्रपति शिवाजी *गायक : लता, चितलकर*
संगीत : सी. रामचन्द्र

192. बदलेगी ये दुनिया एक दिन बदलेगी
फिल्म : संस्कार *गायक : हृदयनाथ मंगेशकर*
संगीत : रोशन

193. दो नैनों ने जाल बिछाए और दो नैना उलझ गए
फिल्म : संस्कार *गायिका : लता*
संगीत : रोशन

194. तेरी बदली हुई बेदर्द नज़र याद आई
फिल्म : श्रीमती जी *गायिका : गीतादत्त*
संगीत : जिम्मी

195. मिलजुल के काटो लोगो, दुःख सुख बांटो रे
फिल्म : आगोश *गायक : हेमन्त कुमार, इन्दिरा मीरचन्दानी*
संगीत : रोशन

196. मुरलिया काहे बजाई बिन सुने रहा नहिं जाय
फिल्म : आगोश *गायिका : लता, सुधा मल्होत्रा*
संगीत : रोशन

197. फूल चुन ले मेरे बालम कि जाने कब डाल झुके
फिल्म : फिरदौस *गायिका : लता*
संगीत : रोशन

198. मुझको तुम जो मिले सारा जहां मिल गया
फिल्म : डिटेक्टिव *गायक : हेमन्त कुमार, गीतादत्त*
संगीत : मुकुल राय

199. कोई लौटा दे मेरे बीते हुए दिन
फिल्म : दूर गगन की छांव में *गायक : किशोर कुमार*
संगीत : किशोर कुमार

फिल्म सूची

शैलेन्द्र ने निम्नांकित फिल्मों के लिए गीत लिखे। इनमें कुछ फिल्मों में उन्होंने स्वतंत्र रूप से गीत लेखन किया और कुछ फिल्मों में अन्य गीतकारों के साथ मिलकर भी गीत लिखे। शंकर-जयकिशन द्वारा संगीतबद्ध की गई फिल्मों में उनके साथ हमेशा हसरत जयपुरी की जोड़ी बनी रही। यहां 1949 से 68 के मध्य प्रदर्शित हुई उनकी फिल्मों की सूची दी गई है। प्रत्येक फिल्म के संगीतकार का नाम भी दिया गया है।

1949	बरसात	शंकर जयकिशन
1951	आवारा	शंकर जयकिशन
	बादल	शंकर जयकिशन
	काली घटा	शंकर जयकिशन
	नगीना	शंकर जयकिशन

	बुजदिल	सचिन देव बर्मन
1952	आनंदमठ	हेमन्त कुमार
	अनहोनी	रोशन
	बदनाम	बसंत प्रकाश
	नौबहार	रोशन
	संस्कार	रोशन
	क्षत्रपति शिवाजी	सी. रामचन्द्र
	श्रीमती जी	जिम्मी
	दाग	शंकर जयकिशन
	पर्वत	शंकर जयकिशन
	पूनम	शंकर जयकिशन
1953	आह	शंकर जयकिशन
	आस	शंकर जयकिशन
	औरत	शंकर जयकिशन
	मयूर पंख	शंकर जयकिशन
	नया घर	शंकर जयकिशन
	पतिता	शंकर जयकिशन
	शिकस्त	शंकर जयकिशन
	आगोश	रोशन
	माशूका	रोशन
	फिरदौस	रोशन
	अनारकली	सी. रामचंद्र
	दो बीघा जमीन	सलिल चौधरी
1954	बिराज बहू	सलिल चौधरी
	नौकरी	सलिल चौधरी
	बादशाह	शंकर जयकिशन
	बूट पालिस	शंकर जयकिशन
	पूजा	शंकर जयकिशन
	पिलपिली साहब	शार्दूल क्वात्रा
	भाई साहब	नीनू मजूमदार
1955	सीमा	शंकर जयकिशन
	श्री 420	शंकर जयकिशन
	मदभरे नैन	सचिन देव बर्मन
	मुनीम जी	सचिन देव बर्मन
	अमानत	सलिल चौधरी

	चिंगारी	मनोहर
	तीसमारखां	शार्दूल क्वात्रा
1956	आवाज	सलिल चौधरी
	जागते रहो	सलिल चौधरी
	परिवार	सलिल चौधरी
	सैलाब	मुकुल राय
	बसंत बहार	शंकर जयकिशन
	हलाकू	शंकर जयकिशन
	चोरी-चोरी	शंकर जयकिशन
	नई दिल्ली	शंकर जयकिशन
	किस्मत का खेल	शंकर जयकिशन
	पटरानी	शंकर जयकिशन
	राजहठ	शंकर जयकिशन
1957	बेगुनाह	शंकर जयकिशन
	कठपुतली	शंकर जयकिशन
	अब दिल्ली दूर नहीं	दत्ताराम
	मुसाफिर	सलिल चौधरी
	एक गांव की कहानी	सलिल चौधरी
	काफी हाउस	रोशन
	राम हनुमान युद्ध	एस.एन. त्रिपाठी
1958	अजी बस शुक्रिया	रोशन
	डिटेक्टिव	मुकुल राय
	देवर भाभी	रवि
	मधुमती	सलिल चौधरी
	नया कदम	शिवराम नारायण
	सवेरा	शैलेश
	बागी सिपाही	शंकर जयकिशन
	यहूदी	शंकर जयकिशन
	परवरिश	दत्ताराम
	दिल्ली का ठग	रवि
1959	अनाड़ी	शंकर जयकिशन
	छोटी बहन	शंकर जयकिशन
	मैं नशे में हूं	शंकर जयकिशन
	लव मैरिज	शंकर जयकिशन
	कन्हैया	शंकर जयकिशन

	शरारत	शंकर जयकिशन
	उजाला	शंकर जयकिशन
	सट्टा बाजार	कल्याणजी आनन्दजी
	चांद	हेमन्त कुमार
	हम भी इन्सान हैं	हेमन्त कुमार
	दीप जलता रहे	रोशन
	मधु	रोशन
	अर्धांगिनी	रोशन
	हीरा मोती	रोशन
	नई राहें	रवि
	जवानी की हवा	रवि
	कल हमारा है	चित्रगुप्त
	इन्सान जाग उठा	सचिन देव बर्मन
	कागज के फूल	सचिन देव बर्मन
1960	अनुराधा	पं. रविशंकर
	मासूम	राबिन चटर्जी
	हनीमून	सलिल चौधरी
	परख	सलिल चौधरी
	उसने कहा था	सलिल चौधरी
	काला बाजार	सचिन देव बर्मन
	मियां बीवी राजी	सचिन देव बर्मन
	सिंगापुर	शंकर जयकिशन
	जिस देश में गंगा बहती है	शंकर जयकिशन
	दिल अपना और प्रीत पराई	शंकर जयकिशन
	एक फूल चार कांटे	शंकर जयकिशन
1961	जब प्यार किसी से होता है	शंकर जयकिशन
	रूप की रानी चोरों का राजा	शंकर जयकिशन
	जंगली	शंकर जयकिशन
	आस का पंछी	शंकर जयकिशन
	ब्याय फ्रैन्ड	शंकर जयकिशन
	करोड़पति	शंकर जयकिशन
	ससुराल	शंकर जयकिशन
	चारदीवारी	सलिल चौधरी
	मेम दीदी	सलिल चौधरी
	सपन सुहाने	सलिल चौधरी

	गुमनाम	शंकर जयकिशन
	पूनम की रात	शंकर जयकिशन
	गाइड	सचिन देव बर्मन
	छोटी छोटी बातें	सलिल चौधरी
1966	पिंजरे के पंछी	सलिल चौधरी
	प्यार मोहब्बत	शंकर जयकिशन
	आम्रपाली	शंकर जयकिशन
	तीसरी कसम	शंकर जयकिशन
	सूरज	शंकर जयकिशन
1967	एन इवनिंग इन पेरिस	शंकर जयकिशन
	छोटी सी मुलाकात	शंकर जयकिशन
	हरे कांच की चूड़ियां	शंकर जयकिशन
	गुनाहों का देवता	शंकर जयकिशन
	लाट साहब	शंकर जयकिशन
	दीवाना	शंकर जयकिशन
	ज्वैल थीफ	सचिन देव बर्मन
1968	ब्रह्मचारी	शंकर जयकिशन
	सपनों का सौदागर	शंकर जयकिशन
	झुक गया आसमान	शंकर जयकिशन
	कहीं और चल	शंकर जयकिशन
	अराउण्ड द वर्ल्ड	शंकर जयकिशन

●●●

	छोटे नवाब	राहुल देव बर्मन
	कांच की गुड़िया	सुहृदकर
	जब से तुम्हें देखा है	दत्ताराम
1962	नाटी ब्वाय	सचिन देव बर्मन
	सूरत और सीरत	सचिन देव बर्मन
	संगीत सम्राट तानसेन	एस.एन. त्रिपाठी
	सौतेला भाई	अनिल विश्वास
	हाफ टिकिट	सलिल चौधरी
	रंगोली	शंकर जयकिशन
	आशिक	शंकर जयकिशन
	प्रोफेसर	शंकर जयकिशन
	दिल तेरा दीवाना	शंकर जयकिशन
	असली नकली	शंकर जयकिशन
	हरियाली और रास्ता	शंकर जयकिशन
	एक दिल सौ अफसाने	शंकर जयकिशन
1963.	दिल एक मंदिर	शंकर जयकिशन
	हमराही	शंकर जयकिशन
	गबन	शंकर जयकिशन
	बंदिनी	सचिन देव बर्मन
	मेरी सूरत तेरी आंखें	सचिन देव बर्मन
	बेगाना	सपन जगमोहन
	गंगा मइया तोहे पियरी चढ़इबो	चित्रगुप्त
1964	दूर गगन की छांव में	किशोर कुमार
	कैसे कहूं	सचिन देव बर्मन
	आई मिलन की बेला	शंकर जयकिशन
	सांझ और सबेरा	शंकर जयकिशन
	रात और दिन	शंकर जयकिशन
	अपने हुए पराये	शंकर जयकिशन
	अप्रैल फूल	शंकर जयकिशन
	बेटी बेटे	शंकर जयकिशन
	राजकुमार	शंकर जयकिशन
	जिंदगी	शंकर जयकिशन
	अमन	शंकर जयकिशन
	संगम	शंकर जयकिशन
1965	चन्दा और सूरज	शंकर जयकिशन